AF501490

HISTOIRE

DE

NAPOLÉON IER

APPROBATION

Le soussigné déclare avoir lu, avec une sérieuse attention, par ordre de Monseigneur l'évêque de Troyes, l'ouvrage intitulé : *Histoire de l'empereur Napoléon Ier*, et n'y avoir rien trouvé de contraire à la foi et aux bonnes mœurs. De plus, cette histoire lui a paru se recommander par l'intérêt incontestable des faits, par l'éclat du style et par la rapidité de la narration.

Troyes, le 15 août 1853.

P. AUGER,

chanoine honoraire, membre de la commission d'examen des livres.

Rouget. sc.

HISTOIRE

DE L'EMPEREUR

NAPOLÉON Ier

PAR

M. G. BORDOT

SOCIÉTÉ DE SAINT-VICTOR POUR LA PROPAGATION DES BONS LIVRES

PARIS	PLANCY
LIBRAIRIE CENTRALE DE LA SOCIÉTÉ RUE DE TOURNON N° 16	SIÉGE, DIRECTION, IMPRIMERIE ET LIBRAIRIE DE LA SOCIÉTÉ

1853

AVANT-PROPOS

Au moment d'entreprendre la tâche redoutable d'écrire la vie de Napoléon Ier, qu'il nous soit permis d'exposer en quelques mots notre but.

S'il ne s'agissait pour nous que de retracer les aventures prodigieuses du plus grand conquérant des temps modernes, quelle serait l'utilité de ce livre ? Bien d'autres, et de plus habiles, nous ont devancé dans cette voie. À peine la tombe du captif de Sainte-Hélène était-elle fermée, que sa vie comptait plus d'historiens que n'en eurent jamais Alexandre, César, ou Charlemagne, ces trois grands noms des trois grands empires du monde, la Grèce, Rome, la France !

Aussi n'est-ce pas seulement le côté historique, et en quelque sorte physique des faits et des événements, que nous nous proposons de

admiration et d'un respect profond pour l'Empereur que nous avons écrit ce livre. Rien ne saurait égaler, nous le disons hautement, cette admiration et ce respect, si ce n'est la bonne foi et l'inflexible justice qui nous ont inspiré en l'écrivant.

HISTOIRE

DE

NAPOLÉON

CHAPITRE Ier

LE CORSE

1769-1770

Le 15 août 1769 naissait en Corse, à Ajaccio, un enfant auquel son père, Charles Bonaparte, donnait le nom de Napoléon. Sa mère, quoique très avancée dans sa grossesse, avait voulu se rendre à la messe ce jour-là, fête de la Vierge; elle se sentit indisposée à l'église, s'empressa de regagner sa demeure; mais elle n'eut pas même le temps d'atteindre sa chambre à coucher. Ce fut au salon, vers midi, par un soleil brûlant, qu'une servante, depuis longtemps au service de la famille et nommée Mammucia Caterina, reçut l'enfant, et l'alla présenter triomphante à sa mère; « augurant bien pour l'avenir, dit un historien, de ce qu'il tétait résolûment son pouce. »

Napoléon Bonaparte était le second fils de la famille. Le premier, Joseph Bonaparte, était né l'année d'avant, le 7 Janvier 1768. Leur père, Charles Bonaparte, était d'une vieille et forte souche, d'une race patriotique et libérale. Spirituel, agréable, un peu léger, trop civilisé pour un Corse de ce temps-là, s'il avait moins de rudesse que ses compatriotes, il n'avait toujours ni moins de courage, ni moins d'amour pour la liberté.

Ami de Paoli, il avait fait avec lui la guerre de l'indépendance contre les Génois, et mérité souvent les éloges de ce héros taillé à la manière antique ; la Corse cédée à la France, il avait épousé la signora Letizia Ramolino, Génoise d'origine, et d'une famille illustre, qui en partageant son amour partageait aussi ses convictions et ses sentiments politiques, et, ne pouvant combattre, brodait des drapeaux, faisait de la charpie, et servait à sa manière la cause de l'indépendance nationale.

On le voit, Napoléon sort d'un sang généreux. Il naît au milieu des dernières luttes de son pays contre la domination étrangère; il naît dans un pays où la grandeur sauvage de la nature, où la sévérité des mœurs, où la vie nomade que mène l'enfant dans ses premières années, doivent agir sur son organisation, sur son esprit, sur son avenir. Des roches sourcilleuses, des arbres séculaires, des torrents écumeux, qui mêlent le bruit de leurs eaux à celui des flots de la mer, l'aspect des vieilles tours romaines, apparaissant sur les plages comme les derniers vestiges de la civilisation d'un autre âge au milieu de cette nature robuste, tout concourt, dans cette âpre contrée, à inspirer à ceux qui l'habitent le goût de la méditation et de l'étude.

Il naît sur une terre où les hommes, presque toujours en guerre avec les puissances qui ont voulu les asservir, ou divisés entre eux, ont contracté des habitudes sérieuses et défiantes ; où un long déni de justice a perpétué le penchant criminel de la vengeance et l'a érigé en droit, sous le nom de *vendetta*. Là, la première éducation des enfants est abandonnée à leur volonté ; ils courent pieds nus, s'exercent à tous les jeux qui développent la force, montent sans selle et sans étrier les chevaux qu'on laisse libres dans les clos, et s'arment d'un fusil dès qu'ils ont la force de le porter. Ils vivent ainsi jusqu'à ce que plus âgés, on les envoie dans des écoles, d'où ils sortent quelques années après pour faire leurs études en France et en Italie.

Il naît Corse, c'est-à-dire de cette race encore toute neuve d'hommes intelligents, appliqués, ambitieux, éminemment dominateurs, au tempérament bilieux développé par la nature et que la civilisation vient entraver, dont les mœurs sont à cette époque encore une espèce de phénomène au milieu de l'Europe moderne, et où malgré le Christianisme, malgré les voyages sur le continent, l'humanité se trouve avec ses passions innées et ses contrastes heurtés.

Il naît Corse, c'est-à-dire dans une île qui a, proportionnellement, produit plus d'hommes célèbres que quelque surface de terre en Europe, non comme savants, comme littérateurs ou comme artistes, mais comme politiques et comme guerriers : ces deux caractères qui doivent se manifester chez l'individu qui aspire à diriger ses semblables.

Toutefois l'enfance de Napoléon offre d'abord un pénible contraste avec ce qui l'entoure. Il est frêle et maladif. « Portant sur un corps chétif une tête démesurément forte qu'il soutient avec peine, » moins beau et d'une humeur plus difficile que son frère, il reste longtemps abandonné aux mains des femmes et des domestiques. « Atteint pendant sa dentition d'une irritation d'intestins et d'un trouble dans la sécrétion de la bile, qui se manifestent extérieurement par la sécheresse, la couleur jaune foncée de la peau et la maigreur des extrémités inférieures, il n'est point de ces enfants dont les mouvements ont autant de grâce que d'ampleur. Sa physionomie triste, méditative, son air chagrin, ne diffèrent pas moins de la nature expansive des autres enfants. On l'accuse d'être maussade et criard, on lui reproche ses insomnies, son excitabilité nerveuse[1]. »

Ainsi se passent ses premières années.

Mais tout à coup voici que l'enfant chétif se

[1] Emile Bégin, *Histoire de Napoléon, de sa famille et de son époque.*

reprend à la vie. Il se fortifie, il se développe, il grandit, et son caractère, précoce comme son intelligence, se dessine et tranche autour de lui.

Prompt, adroit, dominateur, Napoléon prend de très bonne heure un ascendant marqué sur Joseph et sur tous ses camarades du même âge que lui. « Rien ne m'imposait, disait-il à Sainte-Hélène, rappelant les souvenirs de son enfance, rien ne me déconcertait ; j'étais lutin, querelleur, je ne craignais personne, je me rendais redoutable à tous. Mon frère Joseph était battu, mordu, et j'avais porté plainte contre lui quand il commençait à peine de se reconnaître. Bien m'en prenait d'être alerte : madame Letizia eût réprimé mon humeur belliqueuse, elle n'eût pas souffert mes algarades. Sa tendresse était sévère ; elle punissait, récompensait, indistinctement ; le bien, le mal, elle nous comptait tout... Les sentiments bas, les affections peu généreuses étaient écartées, flétries ; elle ne laissait arriver à nos jeunes âmes que ce qui était grand, élevé. Elle abhorrait le mensonge, sévissait contre la désobéissance ; elle ne nous passait rien. »

Nous citerons une petite anecdote où ce côté d'humeur impatiente et de volonté dominatrice se révèle tout entier dans une circonstance étrange. Pour réprimer la fougue impétueuse de l'enfant, ses parents le placèrent dans une pension de petites demoiselles dont ils connaissaient intimement la maîtresse. « J'étais joli alors, et m'y trouvant seul, chacun me caressait, disait un jour Napoléon sur son rocher d'exil. Mais j'avais toujours mes bas sur mes souliers, et, dans nos promenades, je ne lâchais pas la main d'une charmante enfant qui fut l'occasion de bien des rixes. Mes espiègles de camarades, jaloux de ma *Giacominetta,* réunirent les deux circonstances dont je parle et les mirent en chanson. Je ne pouvais supporter d'être le jouet de cette cohue. Bâtons, cailloux, je saisissais tout ce qui se présentait sous ma main, et m'élançais en aveugle au milieu de la mêlée. Heureusement qu'il se trouvait toujours quelqu'un pour mettre le holà et me tirer d'affaire; mais le nombre ne m'arrêtait pas : je ne comptais jamais. »

Rentré chez lui, l'enfant terrible jouait aux soldats, faisant manœuvrer un petit canon de cuivre qu'on a longtemps conservé, même après 1814, dans la maison paternelle d'Ajaccio, et préludant de la sorte aux grands jeux de la guerre qui devaient plus tard occuper sa vie.

Chose remarquable ! au milieu de toutes ces saillies, malgré cette pétulance et cette ardeur qui caractérisent ses premiers ans, le jeune Napoléon était pieux.

C'est de l'archidiacre Lucien Bonaparte, son oncle, un vénérable ecclésiastique qu'il reçoit les premières leçons; il apprend les éléments de la grammaire française, un peu de latin et beaucoup de prières. Plus tard il n'oubliera pas cette piété naïve de ses jeunes années ; il y reviendra avec attendrissement, avec bonheur, et un jour il dira au général Montholon : « J'ai toujours trouvé un charme infini à me rappeler la piété de mon enfance et ces bonnes prières que je faisais sur les genoux de notre vieil oncle, quand il nous enseignait la religion. Il nous disait : — Priez, mes enfants, et Dieu vous aidera. »

Néanmoins le rêve de Napoléon dans son enfance fut d'être soldat. Cette idée fermentait de-

1.

Brienne

puis longtemps dans sa jeune tête, quand il obtint, grâce à la protection de M. de Marbeuf, une bourse entière à l'École de Brienne. « Dans ma pensée, disait-il à Sainte-Hélène, Brienne est ma patrie. C'est là que j'ai ressenti les premières impressions de l'homme. »

Il y entra vers le milieu de mars 1778. Sa qualité d'étranger et de Corse, la gaucherie un peu brusque de ses manières, la difficulté qu'il éprouvait à parler français, lui attirèrent les railleries et les quolibets de ses camarades. Il les supporta patiemment, et peu à peu son attitude ferme, sa conduite régulière, ses habitudes laborieuses imposèrent aux plus moqueurs. Mais placé au milieu de jeunes gens appartenant aux plus nobles familles de France et pour la plupart riches, il eut à subir d'amères humiliations. On lui fit sentir cruellement qu'il n'était qu'un pauvre gentilhomme, un des plus pauvres de l'école, et qu'il ne pouvait soutenir, comme ses camarades, l'honneur de sa naissance et de son nom. Blessé dans sa fierté, à bout de patience, Napoléon écrivit à son père une lettre qui peint l'état de son âme, en cette circonstance, et qui est assez peu connue pour que nous n'hésitions pas à la reproduire en entier.

Elle peint d'ailleurs admirablement et annonce d'avance notre héros.

« École militaire de Brienne, le 5 avril 1781

« Mon père, si vous ou mes protecteurs ne pouvez me fournir les moyens de paraître plus dignement dans cette école, faites-moi revenir à la maison, et cela sur-le-champ. Je suis fatigué d'être regardé comme un mendiant, et de voir d'insolents condisciples, qui n'ont que leur fortune pour toute recommandation, se moquer de ma pauvreté ; il n'y a pas un seul individu parmi eux qui ne me soit inférieur par les nobles sentiments dont mon âme est enflammée. Quoi ! monsieur, votre fils sera-t-il continuellement en butte aux sarcasmes de ces jeunes gens riches et impertinents, qui affectent de plaisanter des privations que j'éprouve ? *Non, mon père, je me flatte que non ;* si ma position ne peut-être améliorée, retirez-moi de Brienne, faites-moi apprendre un métier, s'il est nécessaire ; *placez-moi avec mes égaux, et je réponds que je serai bien-*

tôt leur supérieur. Vous pouvez juger de mon désespoir par la proposition que je vous fais. Encore une fois, *j'aimerais mieux être premier garçon dans une manufacture que d'être exposé à la risée publique dans la première académie du monde.*

» N'allez pas vous imaginer que ce que j'écris est dicté par le désir de me livrer à de dispendieux amusements ; ils n'ont aucun attrait pour moi ; je n'ai d'autre ambition que celle de prouver à mes camarades que j'ai, comme eux, les moyens de me les procurer. »

Quoi qu'il en soit, ce mouvement d'humeur n'eut pas de suite, et Napoléon, fait successivement caporal, sergent, sergent-major, et même sous-lieutenant *ad honores*, commença à s'habituer à commander aux autres et à exercer cette autorité qui lui était en quelque sorte naturelle. — En voici un exemple. C'était en 1782, le jour de la Saint-Louis. Les élèves de Brienne devaient représenter la *Mort de César* avec les corrections indispensables ; et une nombreuse société devait assister à cette représentation, dans laquelle Bourrienne, qui fut depuis secrétaire de l'Empereur, remplissait le rôle de Brutus. Napoléon avait été chargé de veiller à ce que tout se passât avec ordre et commandait un poste à cet effet. La consigne portait défense d'entrer sans une carte. La femme du concierge,pourvoyeuse des élèves, se présente et veut forcer la consigne. On la repousse, elle élève la voix, elle fait grand bruit : Napoléon accourt à ce tumulte : « Qu'on éloigne cette femme, dit-il en la désignant du doigt et en l'arrêtant de son regard, puisqu'elle apporte ici la licence des camps ! »

On s'est toujours efforcé de jeter du merveilleux sur l'enfance des grands hommes. Pour Napoléon, il n'eut pas besoin d'efforts : rien de bien extraordinaire, mais des traits caractéristiques qui indiquent à coup sûr que l'enfant deviendra un homme supérieur.

Chez lui l'intelligence, la maturité de l'esprit, devancent l'âge.

A treize ans, dit un des derniers et des plus brillants biographes de Napoléon, il ne conserve déjà presque plus rien de l'enfance ; des malheurs, des chagrins de famille, venant jeter le découragement et l'inquiétude au travers de cette vie sérieuse et appliquée, il devient morose et sombre, et le besoin d'aliment qu'éprouve son âme autant que son esprit le rend plus studieux encore. La lecture devient pour lui une sorte de passion ; c'est le temps, ses notes autographes le témoignent, où s'isolant de ses camarades, il passe à la bibliothèque de Brienne presque toutes les heures de récréation. Amoureux de l'antiquité, du merveilleux, des aventures extraordinaires et des grands coups d'épée, il fait ses lectures habituelles d'Hérodote, d'Homère, d'Arrien, de Pausanias, de Polybe, de Diodore de Sicile, de Strabon, de César, de Tite-Live et de Tacite. Parmi les modernes il affectionne surtout Bossuet, Saint-Réal, Vertot ; il préfère nos tragédiens à nos auteurs comiques. Son imagination s'anime et s'épanouit au style majestueux et imagé de Buffon, elle s'exalte aux vers du grand Corneille et aux mystiques récits d'Ossian.

On montre encore aujourd'hui à Brienne un vieux chêne à l'ombre duquel le héros futur lisait, dans son texte original, cette poésie brillante du XVIe siècle qui, sous la plume du Tasse et de l'Arioste, servit de passe-port aux prouesses des paladins et peut-être de levain à la plus grande gloire des temps modernes.

Telles furent les premières lectures de l'élève de Brienne. Les faiseurs d'anecdotes, se copiant l'un l'autre, ont presque tous répété que Napoléon, à l'instar des plus grandes célébrités, méditait assidûment Plutarque et s'y proposait un modèle. C'est une erreur. Avant la Révolution française, jamais Napoléon, — il l'a dit lui-même, — n'avait eu occasion de lire Plutarque.

Nous ne rappellerons pas ici le premier succès de Napoléon dans l'art de la stratégie. On sait comment, pendant le rigoureux hiver de 1783, il organisa et régla les combats à boules de neige, et étonna par la fécondité de ses ressources et la précision de son commandement.

Ce fut cette même année qu'il fut désigné pour aller achever son éducation à l'Ecole militaire de Paris. Il n'avait que quatorze ans; mais ce n'était déjà plus un enfant : nourri de fortes études, excellent élève en mathématiques, opiniâtre et sagace, il était préparé et n'attendait plus que l'heure où la carrière allait s'ouvrir pour lui. Citons du reste textuellement la note inscrite pas M. de Keralio, inspecteur des Ecoles militaires de France, telle qu'elle se trouve dans le recueil manuscrit qui a appartenu à M. de Ségur, ministre de la guerre.

« Ecole Royale Militaire de Brienne. Etat des élèves du Roi susceptibles par leur âge d'entrer au service ou de passer à l'école royale Militaire de Paris, savoir : »

Et à la suite de plusieurs noms :

« M. de Bonaparte (Napoléon) né à Ajaccio (île de Corse) le 15 août 1769. Taille de quatre pieds dix pouces onze lignes ; bonne constitution ; santé excellente ; caractère soumis, honnête, et reconnaissant envers ses supérieurs ; conduite très régulière. Il s'est toujours distingué par son application aux mathématiques ; il sait très passablement son histoire et sa géographie ; il est assez faible dans les exercices d'agrément et dans le latin où il n'a fait que sa quatrième. Ce sera un excellent marin. — Mérite de passer à l'École de Paris. »

Napoléon y entra en effet le 17 octobre 1784.

Là, comme à Brienne, il eut à essuyer plus d'une tracasserie. On rapporte qu'un jour un élève l'ayant appelé *l'ours corse* : « J'aurai vengeance de cette insulte, répliqua Napoléon, car j'espère te forcer à m'appeler *l'aigle de Corse.* » Au reste parlant peu, ne se liant qu'avec des jeunes gens d'élite, il avait pour tous ses condisciples beaucoup de politesse et d'égards, mais souffrait impatiemment l'injure et même la plaisanterie. A l'école militaire, Napoléon eut pour camarades Lariboissière, qu'il nomma plus tard inspecteur-général de l'artillerie ; Sorbier, qui occupa le même poste ; d'Hédouville cadet, qui fut ministre plénipotentiaire ; Mallet, le frère du conspirateur ; Mabille, qui devint un danseur célèbre ; Desmazis, qui fut administrateur du garde-meuble de la couronne et qu'il appela son fidèle Desmazis, etc., etc.

A sa sortie de l'école militaire, Napoléon, inscrit sur la liste de présentation des élèves dignes d'être créés officiers, mérita cette mention honorable :

« Napoléon Bonaparte, né en Corse, réservé et studieux ; prefère l'étude à toute espèce d'amusement ; se plaît à la lecture des bons auteurs ; très appliqué aux sciences abstraites, peu curieux des autres; connaissant à fond les mathémathiques et la géographie; silencieux, aimant la solitude; parlant peu, énergique dans ses réponses, prompt et sévère dans ses reparties : ce jeune homme est digne qu'on le protége. »

Le jeune Corse s'était en effet attiré l'attention de ses professeurs par l'originalité et l'élévation de sa pensée. Domairon, professeur de belles-lettres, disait que ses amplifications étaient du *granit chauffé au volcan*; M. de l'Equille, son professeur d'histoire, avait remarqué le jugement porté par son élève sur le connétable de Bour bon, d'après lequel le plus grand crime du connétable n'était pas d'avoir combattu contre son roi, mais d'être venu avec les étrangers attaquer sa patrie. Enfin dès cette époque cette faculté extraordinaire de conception et d'organisation dont il donna plus tard tant de preuves, se décelait dans un mémoire adressé au directeur de l'école, dans lequel il signalait les vices de l'école militaire et les moyens propres à rendre cet établissement plus conforme à son but, en substituant aux jouissance du luxe, qui ne peuvent convenir à de jeunes militaires, la discipline, le travail, la sobriété, l'économie, bases indispensables pour faire de bons officiers.

Ce furent les idées de sa jeunesse qui inspirèrent plus tard à l'Empereur la création et les règlements de ces vastes pépinières d'officiers braves et instruits, telles que les écoles militaires de la Flèche, de Fontainebleau, de Saint-Cyr et de Saint-Germain.

Après un brillant examen où il s'attira l'approbation du grand géomètre Laplace, Napoléon reçut son brevet de sous-lieutenant d'artillerie et prit rang dans l'armée le 1er septembre 1785.

Il quitta Paris et arriva bientôt à Valence, où nous le retrouvons à l'école d'artillerie, n'ayant rien perdu de ses habitudes régulières et de son train de vie exact et laborieux : « J'aimais peu le monde, dit-il lui-même, je vivais très retiré. Le hasard m'avait logé près d'un libraire instruit et des plus complaisants... J'ai lu et relu sa bibliothèque pendant trois années de garnison, et je n'ai rien oublié, même des matières qui n'avaient aucun rapport avec mon état. »

Napoléon trouva à Valence un accueil sympathique; il fut promptement estimé et considéré des officiers du régiment de La Fère qu'il s'était conciliés avec ce mot devenu célèbre.

En arrivant dans cette ville, reconnaissant, parmi les officiers du régiment ses nouveaux camarades, plusieurs condisciples de Brienne ses compatriotes, le jeune sous-lieutenant les avait embrassés avec une si vive émotion, que plusieurs des assistants demandèrent s'il n'était pas leur parent :

— Non, non, monsieur, répondit Napoléon, mais nous sommes tous nés en Corse ; et dans notre île, quand une vendetta ne nous a pas fais d'avance irréconciliables ennemis, le titre de compatriote veut dire ami dévoué jusqu'à la mort.

Ce fut à cette époque, si l'on en croit M. Bégin, qu'il ressentit cette agitation vague et secrète, cette tristesse et cet ennui auxquels n'échappe guère l'homme séparé des siens à sa première entrée dans le monde. Il devint taciturne, sauvage, mélancolique. Il pensait à son pays asservi, à sa famille ; et un jour que trente-cinq années plus tard le deuil de la France a voilé d'un crêpe funèbre, le 5 mai, Napoléon oubliait qu'il était chrétien et jetait sur le papier l'impression de son désespoir et ses prémices d'adieu qu'il destinait à lui survivre ; il écrivait :

« Toujours seul au milieu des hommes, je rentre pour rêver avec moi-même et me livrer à toute la vivacité de ma mélancolie. De quel côté est-elle tournée aujourd'hui? Du côté de la mort... Je suis absent depuis six ou sept ans de ma patrie.... »

Et mille souvenirs de la Corse tombée et de sa nationalité éteinte se présentent à son esprit.

Il a sa courte période de Werther; un instant il a ses idées de suicide : « Que faire en ce monde? s'écrie-t-il. Quel spectale verrai-je dans mon pays ? Mes compatriotes chargés de chaînes embrassent en tremblant la main qui les opprime. Ce ne sont plus ces braves Corses qu'un héros animait de sa vertu. »

Mais Napoléon n'est pas de ces hommes qui succombent à ces molles et coupables rêveries. Le mal des Werther et des René ne saurait durer chez lui. Il se relève et prend courage. Dieu, qui doit se servir de lui comme de l'un des merveilleux instruments de sa puissance, lui a appris de bonne heure à vaincre. De cette disposition sentimentale première il ne restera au héros que son goût poétique pour Ossian.

Après un voyage et un séjour de plusieurs mois en Corse, Napoléon, nommé lieutenant en premier à Auxonne, gagna bien vite la bienveillance et l'estime de ses chefs. On lui confia la direction du polygone. « J'étais assuré dès lors d'avancer rapidement, disait-il un soir à Montholon. Une fois colonel je me serais fait attacher à l'état-major d'un maréchal de France commandant une armée. Il ne m'en fallait pas davantage pour me distinguer et m'assurer la direction des opérations de la campagne. »

Sa fortune est désormais engagée. A travers les chances du monde et les épreuves, tantôt au soleil et tantôt à l'ombre, le voici maintenant qui marche et qui s'avance. Les revers, il en aura raison ; les obstacles, il les vaincra. Il monte et fait sa place ; il ploie sa destinée sous son génie : acclamé des uns, haï des autres, il va s'imposer à tous. « Ce lieutenant d'artillerie, dit Châteaubriand, ce lieutenant d'artillerie va tout à l'heure obliger le monde à le reconnaître ; ce petit caporal mandera dans ses antichambres les plus grands souverains de l'Europe. »

La prédiction de l'archidiacre d'Ajaccio va s'accomplir : « Il est inutile, a-t-il dit, de songer à la fortune de Napoléon. Il la fera lui-même. »

Nous allons bientôt le voir commencer à Toulon.

CHAPITRE II

LE COMMANDANT D'ARTILLERIE

TOULON — 1792-1795

Pendant que le mouvement révolutionnaire s'organise dans toute la France, Napoléon occupe les loisirs de ses garnisons à des études et à des travaux littéraires. Il commence une suite de lettres historiques sur la Corse, qui lui méritent les suffrages de l'abbé Raynal; il prend part au concours ouvert par l'académie de Lyon sur cette question : *Quels sont les principes et les institutions à inculquer aux hommes pour les rendre le plus heureux possible?* et remporte le prix. Dans cet écrit, monument précieux de la jeunesse de Napoléon, on remarquait cette belle pensée : « Les grands hommes sont comme des météores qui brillent et se consument pour éclairer la terre. »

Mais des évènements terribles allaient bientôt forcer le jeune lieutenant d'artillerie à quitter la plume pour l'épée.

Nommé capitaine au 4me régiment d'artillerie à pied, le 6 février 1792, et appelé peu de temps après par les suffrages de ses compatriotes au commandement d'un bataillon de volontaires, il servit fidèlement la France au milieu des troubles civils fomentés en Corse par l'Angleterre. Mais la dénonciation et la calomnie le forcèrent de revenir à Paris, pour se justifier des accusations amassées contre lui par la haine et l'envie.

Cette époque fut la moins heureuse de la vie de Napoléon. Dénué de ressources, réduit aux expédients pour vivre, oisif et pauvre au milieu de cette ville active et opulente, il traversa à grand'peine cette année de 1792 qui devait être si fatale à la royauté. Cependant une grande consolation lui avait été donnée. Il avait rencontré à Paris un de ses anciens camarades de l'école militaire, Bourrienne, comme lui riche seulement d'espérance et d'avenir. Les deux amis d'enfance ne se quittèrent plus, et leur affection se cimenta sous la rude main de l'adversité.

Napoléon sollicitait en vain du service actif au ministère de la guerre. Il était sans protecteur pour l'appuyer, et il commençait à se décourager, lorsqu'un jour, venant de dîner avec Bourrienne, il aperçoit dans la rue Saint-Honoré, du côté des halles, une troupe d'hommes déguenillés, hurlant des imprécations, et se dirigeant, armés et menaçants, vers les Tuileries.

C'était le 20 Juin 1792. Ce rassemblement qui passait était composé de tout ce qu'il y a de plus hideux dans les faubourgs.

Bourrienne veut s'éloigner : — Non, non, dit Napoléon, suivons-les.

Les deux amis suivirent en effet cette horde sauvage, et assistèrent, de la terrasse du bord de l'eau aux Tuileries, aux scènes tumultueuses qui eurent lieu ce jour-là. Napoléon avait peine à contenir son indignation : « Du canon ! du canon ! disait-il, et on aura bon marché de tout cela ! »

Tout à coup l'infortuné Louis XVI apparut à une des fenêtres du château, entouré, pressé, insulté par les misérables qui avaient violé le palais de la royauté ; et un jeune homme du peuple, retirant le bonnet rouge qu'il portait, le plaça sur la tête du roi, aux applaudissements de la foule accourue des faubourgs. A ce spectacle, le visage du jeune Corse, si pâle d'ordinaire, se couvrit d'une noble rougeur ; prenant d'un mouvement convulsif la main de Bourrienne : « Oh ! s'écria Napoléon, comment a-t-on été assez lâche pour laisser pénétrer cette populace jusqu'ici. » Puis l'œil animé, le front menaçant, il ajouta tout bas : — Ah ! si c'était moi !

Il devait prouver bientôt que ce mot n'était pas une vaine bravade. Les sections devaient apprendre un peu plus tard, devant Saint-Roch, que le commandant d'artillerie Bonaparte ne redoutait pas la populace et savait écraser l'insurrection.

La conséquence du 20 Juin, le 10 Août, ne surprit pas Napoléon. Il s'y attendait. Tout en plaignant le roi Louis XVI, il le considérait comme perdu depuis la scène odieuse à laquelle il avait assisté, il regardait la révolution comme inévitable; et tout prêt à se lancer dans ses voies, pourvu qu'elles fussent pour lui un moyen d'arriver comme soldat, il la voyait venir sans terreur : — « Ne soyez pas inquiet de votre neveu, écrivait-il à cette époque, à un de ses oncles ; il saura se faire place. »

Au mois de septembre suivant, il retourna en Corse et trouva Paoli investi du commandement militaire de l'île. Une intimité sympathique s'établit entre Napoléon et l'homme qu'il considérait alors comme le héros de la Corse ; mais les événements vinrent rompre tout à coup les liens formés entre ces deux hommes supérieurs. Paoli, gagné par les Anglais, se déclara contre la France, et essaya d'entraîner à la révolte son jeune compatriote. Ce fut en vain. Napoléon était dès lors Français par les sentiments ; il refusa et courut mille dangers pour rejoindre à Bastia les représentants du peuple ; car un décret de bannissement, qui était en même temps une sentence de mort, avait été lancée contre les membres de la famille Bonaparte, restée fidèle à la cause française.

Après avoir installé sa mère et ses sœurs dans une bastide voisine de Marseille, Napoléon partit pour Paris, afin d'y solliciter de nouveau du service. Sa famille était ruinée et proscrite ; sa maison d'Ajaccio avait été rasée; il semblait que la mauvaise fortune poursuivît le jeune officier; mais lui, sans perdre courage, sans douter de l'avenir, répondait à ceux qui venaient lui apporter les consolations banales dont il n'avait pas besoin: « En temps de révolution, avec de la persévérance et du courage, un soldat ne doit désespérer de rien. »

Il avait raison, car l'occasion allait se présenter pour lui de se faire connaître et apprécier à sa juste valeur.

Une insurrection formidable avait éclaté dans les départements de l'Est et du Midi. Lyon, Marseille, Toulon, indignées des excès de la Convention s'étaient déclarées contre elle. Toulon avait été livrée à l'étranger. Napoléon fut chargé par le général Dugua d'une mission difficile qu'il remplit à la satisfaction du général, puis envoyé à Toulon pour diriger sous les ordres du général Cartaux les opérations de l'artillerie ; il s'agissait de reprendre la ville aux Anglais.

Cartaux, excellent homme, mais fort ignorant et plus orgueilleux encore, déclara au nouveau-venu qu'il arrivait juste pour assister à son triomphe, Toulon devant être prise le lendemain; faisant monter Napoléon dans son cabriolet, il lui annonça qu'il allait lui faire admirer les dispositions offensives qu'il avait faites.

Descendu de voiture, le jeune commandant aperçut quelques pièces de canons jetées çà et là au milieu de terres fraîchement remuées.

— Ce sont là les batteries? demanda-t-il.

— Sans doute, citoyen.

— Et le parc d'artillerie?

— Là, à quelques pas. Quant aux boulets rouges, on les chauffe tout là-bas dans nos bastides. A propos, ajouta Cartaux en s'adressant à un officier qui l'avait reçu, comment ferons-nous pour transporter ces boulets rouges?

L'officier ne sut que répondre.

Napoléon n'en pouvait croire ses yeux et ses oreilles. Il supposa un instant qu'il était dupe d'une mystification; mais il lui fallut bien reconnaître que Cartaux et l'officier étaient de la meilleure foi du monde, et que c'était très sérieusement qu'ils faisaient chauffer leur boulets à une lieue des pièces auxquelles ils étaient destinés, et qu'ils plaçaient leurs batteries à plus de deux lieues des points qu'elles devaient battre en brèche.

Jugeant que tout était perdu, si on laissait ces ignorants maîtres des opérations, il s'adressa au représentant Gasparin : « Je commande ici l'artillerie, dit-il. Je demande que personne ne se mêle de ma besogne ; sinon je ne réponds de rien. »

Gasparin regarda en face ce jeune homme qui lui parlait avec tant d'assurance ; après avoir causé quelque temps avec lui, il lui confia la direction sans partage de l'arme de l'artillerie. Si donc le lieutenant d'artillerie Bonaparte vit son plan triompher des objections des comités, ce fut au représentant Gasparin qu'il le dut. Vingt-huit ans plus tard, en écrivant son testament, le lieutenant, devenu Empereur, puis prisonnier de l'Angleterre, prouvait qu'il n'avait rien oublié en consacrant un souvenir à la famille de M. de Gasparin, et à celle de Dugommier, le général qui succéda à Cartaux, et qui, frappé des talents du jeune officier, écrivait aux représentants en demandant pour lui un grade supérieur : « Avancez-le ; car si vous étiez ingrats envers lui, il saurait bien s'avancer tout seul. »

Au reste Napoléon, reconnaissant envers Dugommier de l'intérêt qu'il lui avait témoigné constamment, lui prouva son attachement en refusant le commandement en chef que les représentants voulaient lui conférer, au détriment de son protecteur.

Mais entrons dans quelques détails sur cette prise de Toulon, qui fut en réalité le point de départ de Napoléon.

Grâce à l'ascendant du savoir, de l'activité et de l'énergie, sur l'ignorance et l'indécision, le jeune commandant avait en réalité la haute main sur toutes les opérations du siége. Dans un conseil de guerre tenu à Ollioules le 15 octobre, son plan avait été adopté. Il consistait à diriger le feu de l'artillerie non pas sur Toulon, ville française qu'il voulait épargner, mais à s'emparer des hauteurs qui dominent la rade et le port de Toulon et en commandent l'entrée. C'était en effet unep osition formidable, dont les Anglais avaient bien apprécié l'importance, et qu'ils avaient si bien fortifiée, qu'on l'avait surnommée le *petit Gibraltar*.

— C'est là qu'est Toulon, avait dit Napoléon, dès le premier jour, en montrant le petit Gibraltar. Et Cartaux avait répondu en haussant les épaules de pitié, et en indiquant Toulon : Mais non, Toulon est là.

Napoléon n'avait pas même discuté; mais il avait fait exécuter dans le plus grand secret des travaux qui menaçaient la position qu'il voulait attaquer, pendant que toutes les dispositions étaient prises ostensiblement pour agir sur un point opposé. Déjà les pièces étaient en position, on n'attendait plus qu'une nuit favorable, lorsqu'un ordre irréfléchi des représentants du peuple démasqua les pièces et révéla aux Anglais le péril qui les menaçait. La conséquence ne se fit pas attendre : la nuit suivante six mille hommes, sous les ordre du général O'Hara, commandant de Toulon, firent une sortie et tentèrent de s'emparer de ces pièces. Mais Napoléon était là; il se jeta sans hésiter, avec un seul bataillon, au milieu des ennemis, porta le désordre dans leurs rangs et fit prisonnier le commandant anglais.

Enfin, quatre mois après le commencement du siége de Toulon, le fort Mulgrave, attaqué dans la nuit du 18 au 19 décembre 1793, fut emporté de vive force. Napoléon et Dugommier y entrèrent les premiers : « Allez vous reposer, dit le jeune commandant d'artillerie au vieux général, nous venons de prendre Toulon, vous y coucherez demain. » Le lendemain en effet l'escadre anglaise, que Napoléon pouvait foudroyer des hauteurs, évacua la rade en y laissant derrière elle l'incendie pour sa vengeance.

C'est du siége de Toulon que date l'attachement de Junot, qui fut depuis son aide-de-camp, pour Napoléon.

Un jour ce dernier demande un soldat intelligent et brave pour une expédition dangereusement difficile ; un sergent de grenadiers se présente.

— Quitte ton uniforme, lui dit le commandant.

— Pourquoi ça, commandant ?

— Pour aller porter cet ordre là-bas.

Et il montre du doigt un point éloigné de la côte.

— Je ne suis pas un espion, dit Junot, devenu pourpre à la proposition du commandant ; j'irai comme ça, ajouta-t-il en montrant son habit, ou je n'irai pas.

Napoléon le regarda fixement:

— Mais ils te tueront, fit-il après une pause.

— Qu'importe ? Ce ne sera qu'un soldat de moins.

— Va donc et revient vite.

Le soldat partit, et revint en effet; car quelques jours après sa première entrevue avec Napoléon, il lui servait de secrétaire sur l'épaulement d'une batterie, lorsqu'une bombe éclata à dix pas de l'épaulement et le couvrit de terre, ainsi que la lettre.

— Allons bon ! dit Junot en riant, je n'aurai pas besoin de sàble.

A ce mot, Napoléon arrêta son regard sur le sergent. De ce jour sa fortune était décidée, de ce jour il ne quitta plus le commandant d'artillerie de Toulon. Devenu premier aide-de-camp du général Bonaparte, il conserva ce titre auprès de Napoléon comme Empereur et le servit avec un dévouement qui tenait du culte, jusqu'à sa mort qui arriva en 1813; il fut successivement ambassadeur, gouverneur de Paris, colonel, général des hussards, et enfin duc d'Abrantès.

Là commença aussi l'amitié de Napoléon pour deux de ses compagnons d'armes: Muiron, qui fut tué à Arcole, et Duroc, qui mourut à Wursen. A cette époque Muiron lui avait servi d'adjudant, Duroc n'était encore que lieutenant.

Quant au jeune commandant d'artillerie, il fut nommé le 6 février 1794 général de brigade et chargé de l'armement et de la mise en état de défense des côtes de Provence, puis envoyé à Nice avec le commandement de l'artillerie de l'armée d'Italie.

Le vieux général Dumerbion accueillit avec faveur les plans de Napoléon et s'en servit dans les attaques diverses qu'il eut à diriger contre l'ennemi et auxquelles le nouvel arrivé prit une part active.

Ce fut à Nice que Napoléon fit connaissance des représentants Ricard et Robespierre jeune, avec lequel il se lia plus particulièrement et qui le mit en rapport avec son frère. Le projet d'envahir l'Italie et de s'emparer de Gênes était déjà arrêté; Maximilien Robespierre chargea Napoléon d'une mission importante sur le terrain où devait bientôt s'allumer la guerre. Quand il revint, la révolution du 9 thermidor était accomplie; Robespierre était tombé et avait payé de sa vie les exécrables excès de sa politique sanglante. Le jeune militaire qui avait refusé le poste d'Henriot, et qui avait demandé à quitter la France pour ne pas être témoin des infamies qui s'y commettaient, fut suspendu de ses fonctions, arrêté et traduit au comité de salut public à Paris. Sans se déconcerter, il écrivit aux représentants qui avaient pris un arrêté contre lui. Quinze jours s'étaient à peine écoulés, qu'un second arrêté ordonnait sa mise en liberté provisoire, « attendu qu'on n'a rien découvert contre lui qui puisse justifier les soupçons, et que ses connaissances militaires et locales peuvent être de *quelque utilité* à la république. »

On a reproché à Napoléon d'avoir connu Robespierre le jeune et reçu les confidences de l'aîné; comme s'il avait fait naître ces circonstances, et comme s'il n'eût pas senti dès lors que l'homme qui veut arriver en ce monde, et se conserver le respect de tous, doit se garder de contracter des liaisons inconsidérées.

Au reste Napoléon paya cette rencontre. Il perdit son emploi à l'armée d'Italie, et se rendit à Paris, où le député Aubry, alors chargé du personnel, refusa de l'employer autrement que dans l'infanterie; ce que le jeune homme n'accepta pas. Sans emploi, sans argent, sans crédit, sans autres amis que Bourrienne, l'ex-général de brigade Bonaparte fut réduit à solliciter auprès de Tallien un coupon de drap du *maximum* pour se faire un habit.

Alors à bout d'expédients et de ressources, il imagina de partir pour la Turquie avec plusieurs officiers, tombés comme lui en disgrâce, pour y instruire les troupes ottomanes à la tactique européenne. Il en demanda l'autorisation; mais ne reçut pas de réponse. Si elle fût venue, sans doute Napoléon Empereur n'eût jamais régné sur la France; mais les desseins de la Providence l'avaient choisi pour l'accomplissement d'une œuvre immense: il ne devait pas, il ne pouvait pas partir.

Enfin, à force de sollicitations, il obtint une

place au bureau topographique où se préparaient les plans de campagne.

Ce fut là que le trouva la révolution de Vendémiaire, qui devait le porter si subitement au faîte des grandeurs.

CHAPITRE III

—

LE GÉNÉRAL BONAPARTE

1795-1798

Le 12 vendémiaire an IV, la publication d'un décret promulgué par la Convention avait causé dans Paris un soulèvement général. Ce long parlement, voulant se perpétuer encore, avait décidé que les deux tiers de ses membres feraient partie du corps législatif créé par la nouvelle constitution. Depuis longtemps la France aspirait à secouer le joug de la tyrannie conventionnelle ; le nouveau décret fut le signal de l'explosion ; les habitants de la capitale, au nombre de plus de cinquante mille, s'apprêtaient à marcher contre la Convention nationale et menaçaient d'en exterminer les membres. Pour repousser ces masses armées, l'assemblée avait quinze cents Jacobins ou terroristes et cinq mille hommes de troupes prêtes à fraterniser avec le peuple. Le général Menou, qui commandait ces troupes, avait dû rétrograder après un mouvement exécuté avec mollesse. Le danger devenait imminent, les conventionnels étaient frappés de terreur, lorsqu'un inconnu demande à être introduit auprès du président Matthieu. Le président donne l'ordre de l'introduire.

Celui qui se présente devant lui est un jeune homme d'une tenue négligée, d'une mise plus que simple, dont le visage comme les habits portent l'empreinte de la gêne et des privations; il est vêtu d'une redingote bleue boutonnée du haut en bas, d'une culotte de peau blanche qui a dû être une culotte d'uniforme, et porte des bottes molles à retroussis; ses cheveux, longs et bruns, sont mal soignés, et retombent en désordre sur son front, sur son cou et sur ses oreilles; il tient à la main un chapeau rond et luisant; mais, malgré ce triste équipage, l'aspect de ce jeune homme a quelque chose de fier et d'entraînant qui inspire la sympathie; son œil brillant, son regard profond sous les rides précoces formées par la pensée, s'arrêtent avec assurance sur le président Matthieu, qui, après l'avoir considéré quelques instants en silence, l'interroge sur le but de sa visite.

— Je viens, dit Bonaparte, vous offrir de sauver l'assemblée.

— Qui êtes vous ? demande le président, qui ne peut cacher un mouvement de surprise et de doute.

— Je suis le général Bonaparte.

— Ah ! c'est vous qui étiez à Toulon, reprend vivement le président Matthieu en se levant.

Puis sans hésiter un instant :

— Eh bien ! général, que pensez-vous qu'il y ait à faire ?

— Je ne sais encore ; mais ce que je puis vous assurer c'est que je sauverai l'assemblée, si on me laisse faire. Où est le général Menou ? J'ai besoin d'avoir de lui des renseignements précis sur la force et la position de sa troupe. Mais d'abord il faut expédier immédiatement un officier dont on soit sûr à la plaine des Sablons pour en ramener les quarante pièces d'artillerie qui s'y trouvent. Pour cela trois cents cavaliers suffiront, s'ils sont commandés par un homme déterminé. Une fois ces pièces entre mes mains je réponds de tout.

C'est la première fois depuis que les comités de la Convention sont réunis et discutent, que le président entend ouvrir un avis militaire, qu'il recueille une pensée résolue et sûre d'elle-même. Depuis le matin, les orateurs se rejetaient sur Menou et le décrétaient d'accusation. Mais à quoi servait de sacrifier un homme, alors qu'il s'agissait de sauver l'assemblée ? Voici enfin un officier qui se recommande de Barras, qui parle peu, mais qui semble vouloir agir. Matthieu le prend par la main, le présente à ses collègues ; et, au bout de quelques minutes de discussion, Bonaparte est adjoint comme commandant en second à Barras, nommé généralissime des forces conventionnelles.

Le jeune général, sans perdre un instant, fait ses dispositions avec la présence d'esprit et la célérité nécessaires en de pareilles circonstances. Murat, chef d'escadron du 21me chasseurs, est chargé de ramener les pièces d'artillerie. En route il rencontre bien une colonne de la section Lepelletier, qui vient, elle aussi, pour s'emparer du parc; mais Murat est à cheval et en plaine, et il commande à trois cents hommes de cavalerie légère; deux heures après, les quarante pièces de canon entraient dans les Tuileries.

Bonaparte regarde fixement le jeune chef d'escadron qui a si résolûment exécuté ses ordres. C'est encore un homme qu'il n'oubliera pas; c'est encore un nom qui va s'élever avec le sien.

Quinze cents volontaires sont organisés en bataillon, des fusils sont portés aux Tuileries pour en armer au besoin les conventionnels eux-mêmes; et, quand le soleil du treize vendémiaire se lève, toutes les précautions sont prises pour repousser une attaque, quelle qu'elle soit. Dès le matin les sections marchent sur le château. Une de leurs colonnes débouche par la rue Saint-Honoré. Napoléon l'a prévu. Il se tient aux abords de l'assemblée; il laisse approcher les sectionnaires presque sur ses batteries, et quand ceux-ci, enhardis par l'immobilité des chefs et des soldats, ont déjà gagné du terrain, il ordonne aux canonniers de faire feu; deux pièces vomissent en même temps la mitraille sur cette foule pressée; ceux qui ne sont pas frappés par le fer meurtrier s'enfuient ou cherchent à se rallier. On les poursuit jusque sur les degrés de l'église Saint-Roch, où un nouveau coup de canon les disperse. Une autre colonne, qui débouche par le pont Royal, n'a pas plus de succès; en une heure et demie l'émeute populaire est matée, et la victoire reste au parti que le jeune général a défendu.

On voit qu'il s'est souvenu de ces paroles prononcées dans le jardin des Tuileries, quelque temps auparavant : — Ah ! si c'était moi !

Aussi quand le jeune Bonaparte reparaît dans le sein de la Convention, il est salué comme le sauveur de l'assemblée. Barras lui-même déclare que c'est lui qui par ses dispositions savantes a tout fait, et le président lui donne l'accolade fraternelle, en attendant que le député Fréron s'écrie : N'oubliez pas que le général Bonaparte n'a eu qu'un moment pour faire les dispositions savantes dont vous avez vu les effets.

Quelques jours après, il était promu au grade de général de division et bientôt à celui de général en chef de l'armée de l'intérieur.

Barras.

C'était le rang le plus élevé qui existât alors dans la hiérarchie militaire. Celui à qui venait d'être conférée cette faveur insigne était un homme inconnu à tous, si ce n'est aux députés de la Convention, à ses aides-de-camp et aux représentants du peuple qui l'avaient vu à Toulon; âgé à peine de vingt-six ans; taille petite et grêle; à la figure creuse; portant encore un uniforme de général de brigade se ressentant des épreuves de la guerre, et sur lequel les insignes du grade se trouvaient représentés dans toute la simplicité républicaine, par un petit galon de soie qu'on appelait alors *système :* un homme enfin n'ayant rien d'imposant à l'extérieur, mais dont le génie devait s'imposer à tous.

Cependant une nouvelle constitution avait été établie, et le gouvernement du directoire avait été installé dans le palais du Luxembourg; c'était pour la république un nouveau pas en arrière. Devenu par sa fonction et son intimité avec Barras un des habitués du cercle spirituel ou élégant qui devint la nouvelle cour, Bonaparte y connut Mme de Beauharnais. Elle le séduisit par la grâce de sa personne et par l'intérêt que devait inspirer sa position. Née à la Martinique, d'une famille riche et considérée, Mlle Joséphine Tascher de la Pagerie était venue fort jeune en France, où elle avait épousé le vicomte de Beauharnais, capitaine d'infanterie. Nommé successivement député aux états généraux, puis général commandant à l'armée du Rhin, M. de Beauharnais avait payé de la vie son dévouement sincère à son pays et était mort sur l'échafaud; sa femme, emprisonnée elle-même, n'avait dû qu'à une protection providentielle d'échapper à la mort.

Le général Bonaparte avait alors vingt-sept ans et la veuve du vicomte de Beauharnais trente-trois ; mais, ainsi que nous l'avons dit, elle avait plu au jeune héros, qui d'ailleurs, en épousant Joséphine, associait sa fortune à celle de deux puissant protecteurs, Barras et Tallien, dont les femmes étaient amies intimes de Mme de Beauharnais. A cette époque le premier gouvernait la France; le second, par ses relations politiques, n'avait pas moins d'influence.

Le mariage eut lieu le 9 mars 1796; et, huit jours après, le commandant en chef de l'armée de l'intérieur était nommé général en chef de l'armée d'Italie. C'était la plus grande faveur que le directoire pût alors accorder; c'était celle qui convenait le mieux aux vues d'ambition et de gloire du nouvel époux, car l'Italie allait devenir le théâtre des événements les plus importants.

Aussi le jeune général, dont le notaire de Madame de Beauharnais avait dit « qu'il n'avait que la cape et l'épée », ne voulut-il pas faire attendre la fortune. Il ne demeura qu'une huitaine auprès de Joséphine et arriva à Nice le 27 mars. Dès le lendemain il passa en revue les troupes qui avaient gagné, sous les ordres de Scherer, la bataille de Loano, dont on n'avait pas su profiter, et se trouva au milieu de ses nouveaux lieutenants, Masséna, Kilmaine, Laharpe, Augereau, Serrurier. Au premier moment, ces guerriers, déjà vieux, furent surpris et même mécontents de se voir commander par un si jeune homme; mais ils ne furent pas longtemps à s'apercevoir que ce jeune homme connaissait au moins aussi bien qu'eux le terrain sur lequel il allait agir. En effet il l'avait parcouru, étudié pendant deux ans; les plans qu'il avait proposés quelque temps auparavant, après sa mission en Italie, il allait être appelé à les exécuter. Aussi le dépit fit-il bientôt place à la confiance et à l'admiration.

L'armée d'Italie se composait en réalité de trente mille homme valides, bien que les états de la guerre en portassent l'effectif à soixante. Encore ces troupes étaient-elles dans le plus grand dénûment : la France ne pouvait subvenir à leurs besoins ; la révolution avait tout dévoré ; la ressource des assignats venait elle-même de manquer ; il n'y avait plus ni revenu ni trésor ; il fallait nourrir la guerre par la guerre.

Bonaparte l'avait bien compris. La première harangue à ses soldats le prouve assez. « Vous êtes nus, mal nourris, leur dit-il ; le gouvernement vous doit beaucoup, il ne peut rien vous donner. Regardez ces belles contrées ; elles vous appartiennent. Vous y trouverez honneurs, gloire, richesses ; » et le général leur montre les plaines du Piémont et de la Lombardie. Il leur promet des victoires qui ne se font pas attendre. Ces mâles accents, cette parole militaire, vont tout droit au cœur des soldats ; et après une suite de combats acharnés, dans lesquels l'armée française a constamment le dessus, elle contemple avec étonnement la chaîne gigantesque des Alpes qu'elle voit s'élever autour d'elle, sans l'avoir traversée.

— Annibal a franchi les Alpes, s'écrie Napoléon; nous, nous les avons tournées.

Tels ont été en effet le plan et le résultat des premières manœuvres de cette prodigieuse campagne d'Italie. En moins de quinze jours, ce général de vingt-sept ans, qui jusque-là n'a pas assisté à une bataille, vient de triompher six fois; l'armée autrichienne est séparée des troupes piémontaises; Turin capitule, et la ruine d'une monarchie de plusieurs siècles se consomme en un instant.

On ne peut lui reprocher, comme à Annibal, de ne pas profiter de la victoire.

Bonaparte témoigne sa reconnaissance à ses troupes : « Soldats, leur dit-il, vous avez en quinze jours remporté six victoires.... Dénués de tout, vous avez suppléé à tout... Les deux armées qui naguère nous attaquaient avec audace fuient devant vous... Mais vous n'avez rien fait, puisqu'il vous reste beaucoup à faire .... » Puis s'adressant aux populations d'Italie, il ajoute : « Et vous, peuples d'Italie, l'armée française vient chez vous pour rompre vos fers : le peuple français est l'ami de tous les peuples. Venez avec confiance au-devant de nos drapeaux. Votre religion, vos propriétés et vos usages seront religieusement respectés. »

Ce n'est déjà plus un soldat qui parle, c'est un homme politique qui s'adresse au sentiment national et aux croyances religieuses des peuples; ce sera bientôt un maître qui donnera ses ordres, au lieu d'en recevoir de ceux qui l'ont envoyé.

Cependant le général autrichien Beaulieu, consterné de tant et de si prompts revers, s'était retiré derrière le Pô, espérant disputer le passage du fleuve à nos troupes : Bonaparte le passe au delà de Valenza près de l'embouchure de la Sessia, et arrive devant Lodi, avant que les Autrichiens aient eu le temps de s'y établir. Néanmoins Beaulieu a toute son armée rangée en bataille de l'autre côté de l'Adda ; trente pièces de canon défendent le pont; mais les Français sont pleins d'enthousiasme, ils s'avancent au pas de course en colonnes serrées, et arrivent sur le pont qui a trois cents toises de longueur; les trente tonnerres éclatent ensemble, la tête de la colonne semble hésiter. « Ce n'est rien, mes amis, s'écrie Bonaparte, avancez toujours ; vous avez avec vous des généraux qui se battent comme des grenadiers. » Et il s'élance avec Masséna, Lannes, Berthier et Dallemagne. Le pont est franchi.

Vingt ans plus tard, comme on lisait à l'Empereur à Sainte-Hélène une relation des campagnes d'Italie qui avançait que le général Lannes avait passé le pont de Lodi après le général Bonaparte : « Avant, s'écria Napoléon avec force ; avant moi. Lannes passa le premier, je n'ai fait que le suivre ; » et de sa main il rectifia ce fait sur la marge du livre.

Le soir de cette bataille, les soldats conféraient au général en chef le titre de caporal ; ce fut à partir de ce moment que les troupes prirent l'habitude de lui donner le surnom de *petit caporal* qui devint si populaire, et qui lui resta lorsqu'il fut devenu empereur.

L'audacieux exploit du pont de Lodi acheva de porter l'épouvante dans l'armée autrichienne.

Beaulieu se retira derrière le Mincio. La Lombardie tout entière était au pouvoir des Français; le général en chef fit son entrée à Milan et alla s'établir dans le palais des archiducs.

Ici commence une nouvelle phase de la vie de Napoléon, que nous avons fait pressentir tout à l'heure. Il cesse de rendre compte de ses opérations aux commissaires que le Directoire a délégués près de lui, et les engage « à se restreindre aux fonctions qui leur sont prescrites. Quand vous étiez représentants du peuple, écrit-il, vous aviez des pouvoirs illimités; aujourd'hui vous êtes commissaires du gouvernement, voilà tout. » Il mande au Directoire : « Je vous enverrai le plus tôt possible les plus beaux tableaux du Corrége, entre autres un saint Jérôme que l'on dit être son chef-d'œuvre. J'avoue que ce saint prend un *mauvais temps* pour arriver à Paris ; mais j'ai lieu d'espérer qu'on lui accordera les honneurs du Musée. » Enfin quand les directeurs, effrayés de ce pouvoir considérable qui se personnifie en lui, veulent le diviser en mettant la moitié de l'armée d'Italie sous les ordres de Kellermann, il répond : « Si vous m'imposez des entraves, s'il faut que je réfère de tous mes pas aux commissaires, s'ils ont droit de changer mes mouvements, de m'ôter ou de m'envoyer des troupes, n'attendez plus rien de bon. Si vous rompez la pensée de l'unité militaire, vous aurez perdu la plus belle occasion d'imposer des lois à l'Italie. »

Lorsqu'il écrivait en ces termes à ceux dont il tenait son autorité, il n'y avait pas deux mois que Bonaparte commandait l'armée d'Italie. Ces deux remontrances étaient accompagnées d'une offre de démission qui ne fut pas acceptée.

Dès lors il se considéra comme le maître absolu de son armée et du pays dont il faisait la conquête ; il renversa, créa des autorités, leva des contributions, se bornant à écrire au Directoire : « Vous pouvez disposer de six à huit millions qui sont à Gênes, en lingots ou bijoux, cette somme étant superflue aux besoins de l'armée. Si vous le désirez, je ferai passer un million à Bâle, pour l'armée du Rhin. »

Un peu plus tard, à Bologne, il convoque les sénateurs dans la salle Farnèse ; et, placé sur une estrade, il reçoit leur serment de fidélité au général en chef de l'armée française.

L'insurrection de Milan comprimée, Pavie livrée au pillage après son soulèvement, la paix faite avec Naples, Bologne constituée en république, Napoléon se dirige vers Rome.

Pour la première fois, la république française, c'est-à-dire la révolution, va se trouver face à face, dans la personne de son général en chef, avec le premier représentant du Catholicisme qu'elle a proscrit. Voyons comment le général vengera le grief de la révolution.

A Rome, tout le monde était dans les plus vives alarmes. Le vénérable Pie VI, abandonné par le roi de Naples et par l'Autriche, conservait cependant cette sérénité que donne aux serviteurs de Dieu la foi en sa souveraine protection. Il envoya au général français un plénipotentiaire qui reçut un accueil favorable. Bonaparte consentit à un traité, à condition que Sa Sainteté renoncerait aux trois légations, livrerait Ancône, paierait quinze millions en argent et six millions en provisions. Il exigea en outre des tableaux, des statues, des manuscrits, etc.; mais, par un esprit de modération que quelques-uns ont taxé d'habileté politique, il n'insista pas sur la rétractation des bulles et brefs lancés par la cour de Rome contre les innovations révolutionnaires, et que le Directoire exigeait ; seulement, il demanda que, dans un bref adressé aux fidèles de France, le Souverain-Pontife recommandât soumission et obéissance au nouveau gouvernement. A ce prix, Bonaparte n'envahit pas la capitale du monde chrétien, et le Pape obtint quelques moment de répit. On doit ajouter que tous les ecclésiastiques français déportés qui se trouvaient sur le passage de son armée furent, à compter de ce moment, protégés spécialement par le général en chef.

L'activité du jeune général ne s'arrête pas. Livourne prise, la Corse rendue à la France, il quitte les fêtes de Florence, où le représentant de cette république qui vient de tuer sur l'échafaud Marie-Antoinette et Louis XVI se trouve en étroit commerce avec un prince du sang d'Autriche, le grand-duc de Toscane, et s'en va chercher Wurmser, qui descend du Tyrol par l'Adige à la tête de 30,000 impériaux.

Les Autrichiens comptent maintenant 80,000 combattants réunis en quelque sorte sur un même champ de bataille, tandis que l'armée française, divisée, doit garder un immense terrain.

La fortune va prononcer entre le plus jeune des généraux de l'Europe et leur doyen, car Wurmser a quatre-vingts ans.

Bonaparte rassemble toutes ses troupes disponibles, lève le siége de Mantoue, et marche avec toutes ses forces à la rencontre des divisions séparées de l'ennemi. La première est attaquée et détruite à Salo; celle du centre est écrasée à Lonato; enfin, la victoire de Castiglione, qui vient de faire le jacobin Augereau duc, à son insu, achève de porter l'épouvante dans les rangs de l'ennemi. C'est la campagne de cinq jours qui coûte à Wurmser 40,000 hommes.

Mais l'Autriche n'est pas épuisée. Wurmser, qui s'est replié sur le Tyrol, revient à la charge avec de nouvelles troupes. Bonaparte, avec sa rapidité ordinaire, tourne le lac Guerdia, passe le pont de la Sarca sur le ventre d'une division autrichienne, illustre Roveredo par une bataille furieuse, repousse Wurmser vers le Midi, l'isole de l'Autriche, et arrive, de combat en combat, à Bassano, épuisé de fatigue, sans autre lit que le champ de bataille, sans autre nourriture que le pain du soldat.

Les divisions ennemies mettent bas les armes, et Wurmser va s'enfermer dans Mantoue, pendant que Marmont porte au Directoire les drapeaux qui attestent que la quatrième armée autrichienne n'est plus.

Voici la cinquième qui s'avance. Le Hongrois Alvinzi la conduit. C'est une nouvelle armée, un nouveau général à détruire; mais les soldats sont épuisés, ils savent les désastres de leurs frères d'Allemagne; ils savent que l'étoile de nos légions, si brillante en Italie, pâlit dans le Nord. Le contre-coup se fait sentir parmi eux. Pendant que le général en chef livre bataille aux bords de la Brenta, un de ses lieutenants, Vaubois, battu à deux reprises par un ennemi supérieur, est en pleine déroute. Ce désastre renverse tous les plans du conquérant de l'Italie. Il ramène son armée sur Vérone et rencontre les vaincus de Vaubois sur le plateau de Rivoli : « Soldats de la 39e et de la 85e, s'écrie-t-il, vous n'êtes pas des soldats français. Général, faites écrire sur les drapeaux qu'ils ne sont plus de l'armée d'Italie. » Des cris de désespoir partent de tous les rangs; on demande grâce. La grâce est de mourir pour se réhabiliter. Il fallait du renfort, dit un historien, en voilà. L'armée est doublée. Sans perdre un instant, Bonaparte s'élance sur Alvinzi, retranché dans des positions inexpugnables. Il échoue!... Alors il bat en retraite sur l'Adige, part de Vérone à la nuit tombante, et s'enfuit sur Peschiera! Bonaparte est en fuite, s'écrie l'ennemi. Alvinzi triomphe. — C'est trop tôt.... Tout à coup l'armée française apparaît sur les derrières. Elle n'a pu prendre les hauteurs de Caldiero, elle les a tournées. L'Adige est franchi; le village, le pont ignoré d'Arcole, sont désormais immortels. En vain les Autrichiens veulent défendre le pont contre l'impétuosité des Français, Bonaparte, qui voit les premiers pelotons hésiter sous le feu terrible de l'ennemi, saisit un drapeau, s'élance à leur tête, et les entraîne en s'écriant : « Enfants, n'êtes-vous plus les soldats de Lodi? »

Cette journée, disait plus tard Napoléon, fut celle du dévouement militaire. Un jour, comme il dictait à M. de Las Cases le récit de la bataille d'Arcole, l'empereur, ayant prononcé le nom de Muiron, son aide-de-camp, tué au passage du pont, baissa timidement la tête en murmurant, d'une voix pleine d'émotion : Mort héroïquement, en voulant me défendre!

La bataille de Rivoli livrée, Wurmser demande à capituler. Le général Klenau, envoyé par lui, annonce à Bonaparte que la place possède encore pour trois mois de vivres. « Si Wurmser, dit Bonaparte, avait seulement pour vingt jours de vivres et qu'il parlât de se rendre, il ne mériterait pas une capitulation honorable; mais je sais la bravoure du maréchal, je respecte ses malheurs et son âge. Voici les conditions que je lui accorde; qu'il ouvre les portes demain ou dans deux mois. » Ces conditions étaient des plus honorables, si honorables, que la reconnaissance fit couler les larmes du maréchal octogénaire.

Cette magnanimité était une protestation courageuse du général en chef contre les ordres du

Directoire de traiter Wurmser en Français pris les armes à la main.

Ce fut à Serrurier que le maréchal remit son épée. Bonaparte, se dérobant à ce triomphe, marchait contre l'armée romaine. Le soir, il coucha à Imola, chez l'évêque Chiaramonti.

Ce prêtre et ce soldat, que les hasards de la guerre réunissaient, devaient tous deux porter des couronnes. L'évêque fut bientôt Pie VII.

Les Français n'étaient plus qu'à vingt lieues de la capitale du monde chrétien, lorsque Bonaparte consentit à s'arrêter. Là, il écrivit au ministre de France à Rome : « Vous savez que j'attache plus d'importance au titre de conservateur du Saint-Siége qu'à celui de son destructeur. »

Bien qu'exigeant du Saint-Père de nouvelles concessions, le général s'abstint d'aller jusqu'à Rome, assura Pie VI de sa vénération, s'opposa au désordre et au pillage, et protégea les ecclésiastiques.

Après avoir battu le prince Charles au Tagliamento, il entra à Venise, et, s'acharnant à la poursuite de l'ennemi, poussa jusqu'à trente lieues en avant de Vienne. Alors des négociations s'ouvrirent à Léoben. Sans s'occuper du Directoire, le général qui a fait la guerre fera la paix ; et, comme les négociations traînent en longueur, un jour, au milieu d'une discussion, il saisit un cabaret de porcelaine, le jette à ses pieds en disant : « Ainsi je vous pulvériserai tous ! » Les concessions sont accordées et le traité est signé pour être définitivement réalisé à Rastadt, sous le nom de traité de Campo-Formio.

Après avoir rayé Venise de la carte de l'Italie comme État, après avoir aussi pacifié l'Italie, le jeune général regarde autour de lui. Il sait que le temps n'est pas venu où il pourra trouver en France la place à laquelle ses talents et son génie lui donnent droit ; il tourne les yeux vers la Grèce, plus loin encore vers l'Orient. Après ces îles renommées, berceaux de la fable, c'est à l'Égypte qu'il songe ; l'Égypte, qui, comme colonie, remplacerait les Antilles et ouvrirait à la France le commerce de l'Inde.

Il n'y a déjà plus de général ; il y a un homme de génie qui marche environné, selon l'expression de M. de Salvandy, du triple mouvement d'un quartier général, d'un gouvernement et d'un congrès. Dans ce camp superbe que les soldats républicains appellent la cour de Milan, Joséphine vient faire l'apprentissage des grandeurs auxquelles elle sera appelée un jour. Bonaparte, lui, fait l'apprentissage du pouvoir absolu qu'exercera un jour Napoléon. Pour les puissances c'est déjà l'arbitre unique de la paix et de la guerre ; en Italie tous les regards sont tournés vers lui ; à vingt-sept ans il est salué du nom de conquérant, de pacificateur ; en France on l'attend déjà comme un libérateur.

Spectacle étrange, en effet, que celui du représentant de la révolution française fondant la restauration de la vieille Italie sur ces maximes conservatrices : « Si la liberté est le premier des biens, une révolution est le plus terrible des fléaux ! » réprimandant les Génois d'avoir exclu les nobles des fonctions publiques ; démentant, par ses paroles, par ses actes, les traditions du vandalisme révolutionnaire ; honorant les poètes, recherchant les savants, projetant déjà des monuments, élevant à Mantoue une statue à Virgile et consacrant la révolution par la paix de Campo-Formio.

Il quitte l'Italie en disant aux peuples de la république Cisalpine qu'il vient de fonder : « Ne faites que des lois sages, *respectez la Religion.* Sachez conserver la liberté que nous vous avons donnée. » — « Soldats, dit-il à son armée, en lui faisant ses adieux, je pars demain. En vous entretenant des princes que vous avez vaincus, des peuples que vous avez affranchis, des combats que vous avez livrés en deux campagnes, dites-vous : *Dans deux campagnes nous aurons fait encore plus.* »

En attendant ces deux campagnes, il part, il revient triomphant comme il a triomphé, avec la rapidité de la foudre ; évitant les hommages, traversant en courant le congrès de Rastadt, et rentrant incognito à Paris, après vingt mois d'absence, les vingt mois les plus remplis qu'ait jamais fournis vie humaine. La reconnaissance publique sera son plus beau triomphe. La ville de Paris donne à la rue qu'il habite le nom de rue de la Victoire ; l'Institut l'appelle dans son sein, et c'est le costume de la science qu'il adopte pour les cérémonies ; le Directoire le reçoit avec une pompe inusitée, et Barras s'exprime en ces termes en le félicitant : « La nature, avare de ses prodiges, ne donne que de loin en loin de grands hommes à la terre ; le premier de tous, il a secoué le joug des parallèles : du même bras dont il a écrasé les ennemis de la République, il a écarté les rivaux que l'antiquité lui présentait. »

Déjà il est prince par l'adulation, dit un historien. Et déjà, comme il arrive presque toujours, ses adulateurs sont ses ennemis, ses compétiteurs sont les gouvernants qui le reçoivent agenouillés.

« Quand je pense, dit M. de Talleyrand, à tout ce qu'il fait pour se faire pardonner sa gloire, à ce goût antique de la simplicité, à son amour pour les sciences, à ce sublime Ossian qui semble le détacher de la terre, ah ! je sens que la France sera fière ; libre, la France ne l'est déjà plus. »

Nous voici rue de la Victoire. Cette glorieuse campagne d'Italie est à peine achevée, et bientôt nous retrouverons le jeune héros au pied des Pyramides.

Cependant jusque-là l'aigle replie ses ailes.

Retiré dans sa petite maison de la rue de la Victoire, il mène la vie la plus simple, il s'entoure de savants, il étudie, il médite, il attend.

CHAPITRE IV

LE GÉNÉRAL BONAPARTE

EXPÉDITION D'ÉGYPTE — 1798-1799

Il y avait en France un véritable enthousiasme pour le héros pacificateur; mais il n'est point de soleil sans ombre, point de triomphe sans envieux. Bonaparte s'en aperçut bientôt. Augereau, dont il avait été l'ami, tenait des propos mensongers contre son ancien général en chef; le Directoire lui-même, malgré les pompes improvisées pour le vainqueur de l'Italie, voyait avec peine sa popularité; d'ailleurs un ennemi plus redoutable que la haine et la jalousie menaçait le jeune conquérant, c'était la paix, c'était l'oisiveté. « Je ne puis ni ne veux rester ici, avait-il dit; il n'y a rien à faire pour moi. J'irai en Orient. »

La lutte entre Barras et lui s'était ouverte. Il avait refusé d'assister à la commémoration de la mort de Louis XVI, disant qu'un jour de meurtre n'était pas un jour de fête; il avait refusé de retourner à Rastadt; aussi quand on lui offrit le commandement en chef de l'armée d'Angleterre, il accepta sans hésiter

Le Directoire se débarrassait d'un homme qui lui portait ombrage; le jeune général trouvait l'occasion de réaliser son projet d'ouvrir la route de l'Inde au commerce français par l'Égypte ; il allait inscrire son nom sur les Pyramides, à côté des noms d'Alexandre et de César.

L'expédition d'Égypte fut donc en réalité plutôt un prétexte qu'un calcul, un coup de tête qu'un plan bien mûri.

Le 4 mai 1798, Bonaparte quittait Paris, et quinze jours après il sortait du port de Toulon avec quatorze frégates, et quinze vaisseaux, quatre cents bâtiments de transport, ayant à leur bord une armée de quarante mille hommes et un grand nombre de savants et d'artistes. Comme les prétoriens avaient jadis laissé sur leur passage des voies pavées, des cirques, des arcs de triomphe, nos bataillons devaient laisser à la vallée du Nil des forts, des ouvrages de défense, le rudiment de nos arts et l'exemple de notre tactique; à son tour la France allait fouler le sol de cette vallée pleine du souvenir des Pharaons, étudier cette histoire mystérieuse gravée sur leurs monuments, interroger les ruines de Thèbes et de Memphis, et chercher, dans les vestiges de ce berceau du monde, le secret des traditions primitives.

Cette campagne audacieuse, folle peut-être, qui allait s'ouvrir, avait deux buts : l'un militaire, l'autre scientifique. Les officiers allaient commencer là, ou continuer leur gloire : — c'était Desaix, Reynier, Lannes, Berthier, Dumas, Murat, Davoust, Junot, Duroc, Eugène Beauharnais, Bertrand, et une foule d'autres. Parmi les savants,on citait des noms déjà européens ou qui le sont devenus depuis : Monge, Fourier, Berthollet, Geoffroy Saint-Hilaire, Dubois, Denon, etc., etc., une pléiade d'hommes distingués dans leurs spécialités diverses, se dévouant à des conquêtes périlleuses, pour revenir sur la terre française classer leur glorieux butin.

Cette double armée, représentant deux forces, le bras et la tête, l'épée et le génie, avait été formée et choisie par Bonarparte. Elle partit de Toulon, confiante dans l'étoile de son jeune chef, et quitta les ports de France sans savoir au juste où elle allait.

Sur son chemin elle conquit Malte, et détruisit, en deux jours de siége, ce vieil ordre qui datait des beaux siècles de la chrétienté; puis elle cingla vers l'Égypte, débarqua, et prit Alexandrie.

Deux jours avant, Nelson et l'escadre anglaise étaient passés, sans s'arrêter devant Alexandrie. Ce fut comme une permission du ciel : avec son immense transport, l'inexpérience des équipages, et, suivant l'expression de l'amiral Brueys, *outillée* comme elle était, l'escadre française ne pouvait pas se défendre en pleine mer. Bonaparte le savait; aussi lorsqu'on lui signala une voile de guerre au moment du débarquement, il s'écria : « Fortune, m'abandonneras-tu ? » Non, la Providence ne devait pas l'abandonner sitôt. Cette voile était une voile amie.

Alexandrie prise, l'armée s'ébranla pour aller à la rencontre des mameloucks; elle arpentait une route inconnue et affreuse; éprouvée par la soif, par la faim, par une chaleur insupportable. Enfin l'avant-garde ennemie battue à Chébréris, les troupes des vingt-trois beys apparaissent à la hauteur du Caire. A droite derrière elle roule le Nil, à gauche s'élèvent les Pyramides. Trois cents pièces de canon garnissent les retranchements des beys, et leurs riches costumes orientaux offrent à nos soldats un spectacle féérique.

— Soldats, s'écrie Napoléon, nous allons combattre, songez que du haut de ces pyramides quarante siècles vous contemplent !

La bataille qui doit livrer l'Égypte à des conquérants lointains va commencer. La date du 21 juillet 1798 va immortaliser la plaine d'Embabeh !

Nos troupes forment un vaste parallélogramme, au milieu duquel sont les munitions et les bagages ; la cavalerie est échelonnée sur les côtés, l'artillerie occupe le centre. Les mameloucks s'avancent au galop jusque sur les baïonnettes, qu'ils coupent de leurs damas, mais qui demeurent infranchissables. Tout à coup, à un signal donné, les murailles vivantes s'ouvrent, mille détonations se font entendre, puis tout se referme, pour se rouvrir encore. La tactique du bataillon carré est trouvée. Bientôt l'immense armée des mameloucks est dispersée, les plus vaillants cavaliers du monde ont fui vers le Nil. Le lendemain le Caire ouvre ses portes; l'Égypte est aux Français.

Mais pendant que l'armée de terre inscrit son nom au pied des Pyramides, la flotte française commandée par Brueys est écrasée par Nelson. Tous les bâtiments sont coulés ou pris. Brueys périt glorieusement sur son banc de quart; Dupetit-Thouars, blessé mortellement, garde son commandement jusqu'à la fin; mais l'armée est coupée; entre elle et la métropole s'élève une barrière infranchissable, la mer gardée par la croisière anglaise.

Bonaparte comprend qu'il n'y a plus désormais d'espoir de retour et qu'il faut s'établir sur ce sol égyptien pour une longue possession. Il ne s'agit plus de conquérir, mais d'organiser, et d'appeler à soi les habitants. Le général se met aussitôt à l'œuvre. Il dit qu'il vient se substituer aux mameloucks, caresse les susceptibilités politiques, fait les concessions les plus complètes aux préjugés religieux du peuple égyptien, et respecte le culte indigène. Par son ordre la prière continue à se dire dans les mosquées; les muezzins continuent, du haut de leurs galeries aériennes, l'appel quotidien aux croyants, et les représentants de l'islamisme conservent leurs privilèges. En même temps commence l'organisation du gouvernement des indigènes par les indigènes; dans le divan, espèce de représentation nationale, figurent les notabilités du Caire et des provinces.

Pendant ce temps, les armes achèvent la soumission du pays, nos bataillons foulent l'Égypte dans tous les sens, les révoltes partielles sont étouffées, une seule prend des proportions importantes; c'est celle du Caire. Le 21 octobre, en l'absence du général en chef, des rassemblements se forment dans les rues aux alentours de la grande mosquée; le général de brigade Dupuis, Sulkowski, aide-de-camp de Bonaparte, et plusieurs autres militaires sont égorgés; l'extermination des Français est jurée par des fanatiques qui entraînent le peuple. Un instant de faiblesse, et c'en était fait de la vie de tous nos soldats;

mais le héros a foi dans son étoile; il pénètre dans la ville à la tête de ses soldats, dirige ses colonnes à travers les rues, entoure de son artillerie la grande mosquée où les révoltés se sont réfugiés en désordre, et leur offre généreusement un pardon qu'ils refusent avec hauteur. A cet instant, comme si le ciel était d'accord avec Bonaparte, l'atmosphère, par un phénomène très rare sous ce climat, se couvre de nuages, le tonnerre gronde, la terreur s'empare des Égyptiens qui demandent grâce. « L'heure de la clémence est passée, » répond-il, et le canon foudroie la mosquée, et la guerre remplit son œuvre, car chaque soldat veut venger ses camarades lâchement assassinés.

Cette révolte devait être la dernière expérience d'hostilités intérieures; nulle agression n'était désormais possible sans être soutenue par une attaque du dehors.

Cette attaque arriva. La Porte arma contre l'armée française, et l'expédition de Syrie fut résolue. Un corps de treize mille Français franchit le désert, prit sur sa route Jaffa, dont la garnison tout entière fut massacrée, par nécessité, a-t-on dit, et faute de vivres pour nourrir les prisonniers, et vint camper devant Saint-Jean d'Acre, le boulevart de l'empire ottoman. Bonaparte voulut qu'on commençât immédiatement le siége de cette *bicoque,* comme il l'appelait. Il ignorait alors que cette bicoque, entourée de fossés et protégée par de bonnes murailles flanquées de tours, munie d'artillerie, avait de plus dans ses murs un Français, homme de science, capable de diriger les travaux de la défense. Par un hasard étrange, ce français, nommé Phélippeaux, ingénieur distingué, était un ancien camarade de Bonaparte à l'école de Brienne. Puis il y avait aussi derrière ces remparts l'Angleterre, représentée par Sydney Smith, son commodore; l'Angleterre, contre laquelle était, en réalité, dirigée l'expédition d'Égypte, et qui allait désormais se servir de sa marine, de ses bataillons, ou de son or, partout où serait Bonaparte ou Napoléon.

Tout dans ce siége tourna contre les Français. On avait compté sur la mortalité ordinaire : et la peste, l'horrible épidémie du climat oriental, vint se joindre aux pertes déjà énormes de l'armée, tuer mille hommes en vingt jours, et frapper de terreur ceux qui restaient debout. Les premiers assauts furent marqués par une bravoure enthousiaste, les derniers par un courage de résignation. Mais Bonaparte avait oublié que ses soldats étaient des hommes ; en vain donne-t-il l'exemple d'un courage qu'il pousse souvnte jusqu'à l'audace et à un sublime mépris de la mort, en vain aborde-t-il de front ce fléau terrible devant lequel toute tête s'incline, en vain touche-t-il les plaies des pestiférés en disant à ceux qui lui reprochent son imprudence : « Je suis le général en chef, » le moral de l'armée ne se relève pas : ces soldats que n'a jamais effrayés le trépas des champs de bataille se troublent et succombent devant le spectacle épouvantable de leurs camarades atteints de la contagion. En vain le Thabor attache-t-il son nom à la bataille célèbre dont Bonaparte a dressé lui-même le plan, il faut pour la première fois se retirer devant l'ennemi, laisser inachevée une entreprise commencée ; il le faut ! Le général en chef se résigne ; marchant à pied comme un soldat, il donne l'exemple à tous. Les pestiférés sont transportés, et la retraite s'opère lentement, laissant derrière elle des ruines, chez les peuplades qui ont attaqué ou trahi l'armée.

Cette retraite dura dix-sept jours Dans ces dix-sept jours on avait franchi plus de quatre-vingts torrents ou rivières, soumis sept villes et plus de trente villages; enfin le Caire apparut à ces braves qui, dans une des campagnes les plus meurtrières, sous un climat homicide, et au milieu des privations de toutes sortes, avaient perdu moins de deux mille hommes.

L'entrée au Caire fut triomphale. Celui que les Arabes avaient appelé le sultan Kebir, (*le père du feu*) revenait, lui qu'on avait dit mort, et il disait dans une proclamation : « Il est arrivé au Caire, le *bien gardé ;* il est arrivé bien portant et bien sain, remerçiant Dieu des faveurs dont il le comble. »

L'Égypte était désormais pacifiée; mais ce n'était pas la conquête de l'Égypte que Bonaparte avait rêvée, c'était la conquête de l'Orient. Limitée dans la vallée du Nil, elle n'avait plus ces allures de grandeur qui l'avaient séduit. C'était Alep, Damas, Constantinople qu'il voulait; c'était une révolution dans l'Orient tout entier qu'il prétendait faire, et voilà qu'il restait désormais confiné en Égypte ; — il n'avait plus rien à faire là.

D'ailleurs les nouvelles de France était désastreuses ; l'Italie perdue, les frontières menacées, le territoire sur le point d'être envahi !... Bonaparte était parti parce que la France n'avait plus besoin de lui, il était parti parce que le Directoire était trop fort des conquêtes qu'il lui avait léguées. Mais les choses étaient bien changées depuis cette époque ; le Directoire était devenu si faible, que la moindre secousse pouvait le renverser ; et, selon l'expression de Bonaparte, la *poire était mûre.*

Dès lors son plan fut arrêté. Seulement il attendit une occasion favorable, afin que le coup de tête n'eût pas l'air d'une désertion en face de l'ennemi. L'occasion se présenta bientôt. Les Turcs avaient débarqué à Aboukir. Bonaparte y courut. Une victoire éclatante venge la glorieuse défaite de notre escadre ; l'armée des Turcs est taillée en pièces ; Mustapha Pacha, après avoir rendu de sa main sanglante son cimeterre au général Murat, est emmené prisonnier au Caire.

Bonaparte y revint aussi, mais le temps nécessaire pour préparer son départ. Le 23 août 1799 une proclamation instruisit l'armée de la nomination de Kléber au commandement général. Avant de partir, Bonaparte lui laissait ses instructions. Si l'on pouvait douter des intentions du jeune général et des motifs qui lui faisaient quitter l'Égypte, voilà ce qui lèverait tous les doutes : « Vous trouverez ci-joints, disait-il, dans ces instructions, les papiers anglais et de Francfort jusqu'au 10 juin. Vous y verrez que nous avons perdu l'Italie, que Mantoue, Turin et Tortone sont bloquées. J'ai lieu d'espérer que la première tiendra jusqu'à la fin de novembre. J'ai l'espérance, si la fortune me sourit, d'arriver en Europe avant le commencement d'octobre. »

Plus loin il ajoutait.

« Accoutumé à voir la récompense des peines et des travaux de la vie dans l'opinion de la postérité, j'abandonne avec le plus grand regret l'Égypte. L'intérêt de la patrie, sa gloire, l'obéissance, les évènements extraordinaires qui viennent de s'accomplir, me décident seuls à passer au milieu des escadres ennemies pour me rendre en Europe. »

Il passa en effet. Plusieurs fois on se trouva en face des vaisseaux anglais; ses officiers tremblaient pour lui: « Ne craignez rien, disait Bonaparte; la fortune ne nous a jamais abandonnés: nous arriverons en dépit des Anglais. »

Ce n'était pas la fortune, c'était la Providence qui le conduisait par la main.

Quant à l'Égypte, elle était perdue pour la France; le coup de poignard d'un fanatique devait la faire passer des mains de Kléber à celles de Menou, homme fort au-dessous de la haute mission qu'il avait à remplir.

Mais Bonaparte n'en voguait pas moins vers la France. La flotte entra le 1er octobre dans le port d'Ajaccio, et le 9 octobre, après quarante jours de navigation sur une mer sillonnée de vaisseaux ennemis, les quatre frégates qui portaient Bonaparte et sa suite mouillaient à Fréjus.

En revoyant son héros, le premier cri de la

France fut un cri d'étonnement, le second fut un cri d'enthousiasme. Le Directoire n'existait plus que de nom, et le 18 brumaire planait déjà dans l'air, non comme une menace, mais comme une espérance.

CHAPITRE V

LE CONSULAT

1799-1804

« Qu'avez-vous fait de cette France que j'avais laissée si brillante ? J'avais conquis la paix, j'ai retrouvé la guerre. J'avais laissé des victoires, j'ai retrouvé des revers ; j'avais laissé des millions, et j'ai trouvé les lois spoliatrices de la misère !... Que sont devenus cent mille Français mes compagnons d'armes ?... Ils sont morts. »

Telles étaient les paroles que Bonaparte adressait le matin du 18 brumaire au secrétaire de Barras, qui se retira en baissant la tête.

A son retour d'Égypte, le vainqueur de l'Italie avait trouvé la France livrée à toutes les factions, exposée à tous les dangers. Les partis cherchaient alors un homme. Le parti révolutionnaire lui-même, celui qui voulait perpétuer la révolution, et ne croyait pouvoir transiger, ni avec les puissances coalisées, ni avec l'ancienne dynastie, le cherchait pour la dictature. On s'était inutilement adressé à Moreau, qui avait refusé, incapable qu'il était de porter un tel fardeau; à Joubert, jeune ambitieux, que la mort avait empêché d'accepter; à Bernadotte, le roi futur, qui professait alors hautement sa haine pour les rois, mais qui n'était pas à la hauteur du rôle qu'on lui proposait. Après tant de chimériques conceptions, tant de folles utopies, tant de sang répandu, et tant de saturnales politiques, on avait compris qu'il n'y a pas de gouvernement possible sans l'unité et sans la fermeté du pouvoir.

Donc on avait besoin d'une épée, on la cherchait, lorsque Bonaparte arriva d'Égypte.

Dès qu'il parut, tous les regards se fixèrent sur lui, les uns par espoir, les autres par crainte. Les directeurs, qui auraient pu lui demander compte de la violation des lois sanitaires, de l'abandon de son armée, n'osèrent rien de plus que lui offrir un autre commandement. Il était bien question de commandement! Bona-

Costume du conseil des Anciens.

parte étudia le nouveau Directoire; car depuis son départ deux ou trois révolutions avaient mutilé l'ancien. Barras seul était resté, il était en rapport avec le parti des Bourbons; ce n'était pas sur lui qu'on pouvait compter. Gohier et Moulins étaient sans portée et d'ailleurs républicains de cœur, il n'y avait rien à faire de ce côté. Restaient Sieyès et Roger-Ducos, qui marchaient de concert: ce fut avec eux que Bonaparte s'entendit. Les initiés furent Fouché, Talleyrand, Bruix, alors ministres, et tous les généraux depuis longtemps associés à la fortune du jeune héros. On s'assura d'abord de la majorité au conseil des Anciens; il fut convenu qu'en vertu d'un article de la constitution, ce conseil transférerait le corps législatif à Saint-Cloud, et qu'en même temps, ce qui était peut-être moins constitutionnel, il nommerait Bonaparte commandant en chef de toutes les troupes de la capitale.

Le 18 Brumaire fut fixé pour rendre ce décret.

Ce jour-là, Bonaparte réunit chez lui, dès le matin, une foule de généraux dévoués. Le décret rendu, il monta à cheval; et, suivi de tous ses compagnons d'armes, et d'un régiment de dragons, il se rendit aux Tuileries, où siégeait le conseil des Anciens, qui le reçut avec des applaudissements.

Gohier et Moulins protestèrent; mais Barras signa sa démission et partit pour sa terre de Gros-Bois. Le Directoire n'existait plus.

La journée du 18 Brumaire était accomplie. Restait celle du lendemain, qui devait être décisive. Les républicains avaient eu le temps de se préparer à la résistance, des réunions avaient eu lieu, des chefs avaient été choisis, et dans le sein des deux conseils l'opposition contre Bonaparte avait fait de nombreuses recrues.

Cependant, dès le matin, le jeune général se rendit à Saint-Cloud avec son état-major. Partout des groupes parcouraient les cours et les jardins ; on s'agitait, on se concertait, et une lutte sérieuse s'organisait contre le coup d'État de la veille. Aux Cinq-Cents, où Lucien Bonaparte, frère de Napoléon, présidait, on décréta que chaque député prêterait à l'instant serment à la constitution. La discussion n'était pas moins orageuse au conseil des Anciens. C'était une révolution manquée. — « Te voilà dans une belle position, » dit Augereau d'un ton railleur en s'adressant à son ancien général en chef. « — C'était bien pis à Arcole, » répondit Bonaparte.

Il a compris que l'audace et la force peuvent seules le sauver ; il n'hésite pas. Il entre au conseil des Anciens avec son état-major, ayant Berthier et Bourrienne à ses côtés. Là, s'adressant plutôt aux militaires qui l'entourent qu'aux membres du conseil, il fait ressortir en quelques phrases, coupées par les interruptions, les dangers qui menacent la patrie, et termine en faisant un appel à ses compagnons d'armes.

Cette harangue cet accueillie par les cris de vive Bonaparte !

La nouvelle révolution triomphe au conseil des Anciens ; reste le conseil des Cinq-Cents.

La plus grande effervescence régnait comme toujours dans cette assemblée, lorsque Bonaparte apparut aux portes, avec les officiers et les soldats qui l'accompagnaient, et leur ordonna de ne pas les franchir.

A cette vue, des imprécations retentissent de tous côtés : « Des sabres ici, des hommes armés, s'écrient plusieurs membres : à bas le Dictateur ! à bas le tyran ! hors la loi le nouveau Cromwell ! »

— C'est donc pour cela que tu as vaincu ? ajoute un membre.

— Vous violez le sanctuaire des lois, dit Bigonnet.

Bonaparte, sans se préoccuper de ces cris, marche vers la tribune, il y parvient, il veut parler; mais sa voix est couverte par les imprécations des membres de l'assemblée. Transportés de fureur, plusieurs députés vont à lui; parmi eux, Aréna lui parle avec des gestes menaçants.

Pour la première fois de sa vie sans doute, Bonaparte hésite et tremble, car il n'est pas habitué à ces luttes de la tribune, et il ne sait pas, comme Mirabeau, dominer le tumulte d'une assemblée populaire.

Effrayés du péril qui menace leur général, les grenadiers restés aux portes se précipitent aux cris de : «Sauvons notre général !» culbutent tout ce qui s'oppose à leur passage, et emportent Bonaparte hors de la salle.

Alors, malgré Lucien, qui abdique la présidence, tous les députés se lèvent et demandent la mise hors la loi du général Bonaparte.

Une fois hors de la salle, ce dernier a repris ses esprits. Il est monté à cheval et a harangué ses soldats : « Vous ne reconnaîtrez, leur dit-il, pour législateurs de la France que ceux qui vont se rendre auprès de moi. Quant à ceux qui resteraient dans l'Orangerie, que la force les expulse ! Ces brigands ne sont plus les représentants! Ce sont les représentants du poignard. »

Alors Leclerc, beau-frère de Bonaparte, Murat, qui aspire à le devenir, ébranlent un bataillon de grenadiers, qui s'avance au pas de charge et tambour en tête jusqu'à la porte de la salle où siégent encore les Cinq-Cents, au milieu d'un effroyable tumulte. « Grenadiers, en avant! » dit Leclerc. Les baïonnettes se croisent, le tambour couvre les clameurs; les députés s'enfuient par les couloirs ou sautent par les fenêtres. En un instant la salle est vide, et Bonaparte est cette fois encore maître du champ de bataille.

La victoire est décisive, et selon son habitude il en profite. Lucien réunit à la hâte une cinquantaine de députés des Cinq-Cents, ceux qui ont consenti à entrer dans le projet, et, avec cette faible minorité, il fait prononcer la nullité de la troisième constitution depuis la chute de la monarchie.

Trois consuls succèdent aux directeurs. Ce sont Bonaparte, Sieyès et Roger-Ducos; mais il en est un qui efface tout à son ombre. Les autres ne sont là que pour marquer la transition de la république au gouvernement d'un seul. Déjà la monarchie impériale se lève pour la France.

Jamais assurément plus hardi renversement n'avait eu lieu que dans cette journée du 18 brumaire : mais une pensée d'ordre et de régénération avait été l'âme du coup d'état frappé à Paris et à Saint-Cloud. A l'exemple d'un Romain célèbre, Bonaparte eût pu répondre aux accusations d'illégalité et de violence : — Je proteste que nous avons sauvé la patrie. Allons rendre grâce à Dieu !

« Le 19 brumaire à midi, a dit un historien, Conseils, Directoire, pacte constitutionnel, rien ne subsistait plus. Tout le gouvernement était dissous. Les baïonnettes de l'Orangerie brillaient seules sur l'horizon désert de la République.

C'était un de ces rares interrègnes où les nations sont appelées à faire elles-mêmes leur destinée et peuvent en quelque sorte commander librement à la fortune. A ce moment solennel, tandis que Paris dans l'attente ignorait quel dénouement allait sortir du drame de Saint-Cloud, et que les auteurs de ce drame extraordinaire se demandaient encore ce que feraient Paris et la France, Bonaparte faisait publier, le soir, aux flambeaux, dans la capitale, une proclamation où il rendait compte des évènements.

« A mon retour, disait-il, j'ai trouvé les autorités divisées, la constitution à moitié détruite ; tous les partis sont venus à moi, m'ont confié leurs desseins, m'ont demandé mon appui. J'ai refusé d'être l'homme d'un parti... » Plus loin, il ajoutait : « Je me présente au conseil des Cinq-Cents, seul, sans armes, la tête découverte, tel que les Anciens m'avaient reçu et applaudi. Vingt assassins se précipitent sur moi et cherchent ma poitrine. Au même moment, des cris de hors la loi se font entendre contre le défenseur de la loi. Des grenadiers entrent dans la salle au pas de charge et la font évacuer... Français, les idées conservatrices tutélaires sont rentrées dans leurs droits, par la dispersion des factieux qui opprimaient les Conseils. »

A ces nouvelles, les rues, les théâtres, retentissent d'acclamations en l'honneur du sauveur de la patrie. Ce sont partout d'universels transports.

« Il est certain, disait un jour l'Empereur à Sainte-Hélène, que jamais plus grande révolution ne causa moins d'embarras, tant elle était désirée... On a discuté métaphysiquement et l'on discutera longtemps encore si nous ne violions pas les lois... Le fait est que la patrie était perdue sans nous, et que nous la sauvions... »

Le 18 brumaire, en passant sur la place de la Révolution, Bourrienne avait dit à un de ses amis : « Nous finirons là demain, ou nous coucherons au Luxembourg. » Ce fut la dernière parole de la prédiction qui s'accomplit.

Les scènes de Saint-Cloud terminées, Napoléon se jeta dans sa voiture et rentra dans Paris. Il rentrait en maître. Un mois, jour pour jour, après son débarquement de l'Égypte, il traînait la Révolution attachée à son char, il voyait ses destinées s'agrandir jusqu'à lui permettre de rêver un trône qui allait sortir de dessous les ruines de tous les pouvoirs. Le lendemain, les trois consuls se réunissaient au Luxembourg ; et Sieyès, qui, depuis plusieurs mois, avait cherché un bras pour briser le Directoire, et qui croyait que Bonaparte était le bras et lui la tête, s'apercevait que Bonaparte réunissait la tête et le bras. « Vous voyez bien, avait dit Roger-Ducos, à propos de la présidence de la réunion, en montrant le fauteuil déjà occupé, que le général Bonaparte préside. » Sieyès n'était pas au bout de ses désenchantements. Il avait pensé avoir affaire à un guerrier n'ayant jamais fait autre chose dans sa vie que gagner des batailles ; et voilà que ce guerrier avait des plans vastes et complets qui embrassaient tout, les lois civiles, le droit public, le gouvernement, les finances, l'administration, la politique : voilà qu'il intervenait et tranchait partout.

« Messieurs, dit tristement Sieyès, le soir même, à Talleyrand, à Cabanis, à Rœderer, nous avons un maître ; le général veut tout faire, sait tout faire, peut tout faire. » Sieyès ne se trompait pas.

Bonaparte constitua son ministère avec des capacités spéciales; bientôt le chaos fut débrouillé, les finances relevées, les troupes réorganisées et pourvues, tous les services revus et améliorés, sinon refondus. La loi monstrueuse des otages, par laquelle le Directoire avait rendu plus de deux cents mille français responsables de tous les mouvements des royalistes, fut abrogée, les prêtres furent délivrés; la liberté des consciences et des cultes fut proclamée, les églises furent restituées à la religion, et vingt mille vieillards, prêtres sans autels, vinrent s'asseoir et prier sur le sol de la patrie. Les déportés de la Guyane furent rappelés; les listes des émigrés furent entamées: Lafayette, la duchesse d'Orléans et Mlle de Condé rentrèrent sur cette terre de France toute baignée du sang de leur race, sous les auspices de cet homme qui osait et pouvait tout. Le serment de haine à la royauté fut aboli, la fête du 21 janvier supprimée; Tronchet, qui avait défendu Louis XVI, remplaça au faîte des hiérarchies judiciaires Target, qui avait déserté la défense du roi; un décret ordonna des pompes funèbres pour la dépouille de Pie VI, mort captif à Valence, et laissé par le Directoire sans honneurs; une statue fut élevée à saint Vincent de Paul. A l'ère révolutionnaire succédait une ère nouvelle : « J'ouvre un grand chemin, disait Napoléon; qui y marchera sera protégé, qui se jettera à droite ou à gauche sera châtié. »

Pendant que les travaux préparatoires du Code civil, ce monument immortel, étaient commencés sous la direction de Bonaparte, le nouveau code politique des Français, la constitution de l'an VIII, dernier refuge des desseins vaniteux de Sieyès et de ses ambitieuses espérances, était laborieusement étudiée par deux commissions législatives; mais la constitution restait encore l'œuvre de celui qui savait et pouvait tout faire, et qui enterrait le projet et l'ambition de Sieyès avec ces paroles lancées à propos des fonctions de grand-électeur : « Quel est l'homme d'honneur qui consentirait à n'être qu'un cochon à l'engrais de quelques millions, dans le château royal de Versailles? »

Ce fut le dernier coup. Sieyès refusa d'être

second consul ; Roger-Ducos le suivit au sénat. Cambacérès et Lebrun les remplacèrent; puis l'adhésion populaire vint donner une sanction solennelle au nouveau gouvernement de la France. Cette adhésion était la plus éclatante répudiation de toutes les maximes révolutionnaires.

Un nouveau siècle commençait; les premières années de ce siècle ne devaient ressembler en rien aux dernières années de celui qui venait de finir. L'Empire commençait déjà. Dès les premiers jours de son pouvoir, le premier consul en fixe le caractère suprême dans tous ses actes; un simple arrêté abat la licence de la presse; la restauration des mœurs commence en attendant celle des lois; les arts reparaissent; des pompes militaires remplacent les mascarades révolutionnaires; au milieu des revues, le premier consul sait mettre un nom sur chaque figure, et chaque soldat tressaille lorsque s'arrêtant devant un tambour, il lui dit : « C'est toi qui battais la charge devant Zurich ! » Il a trouvé la fibre populaire, il tient dans sa main la bourgeoisie et l'armée; il attend le parti royaliste, et l'appelle à lui par des actes réparateurs.

La chouannerie avait succédé à la guerre de la Vendée, le brigandage au dévouement et à la fidélité. Brune et d'Hédouville furent chargés de mettre fin aux atrocités qui s'accomplissaient dans la Bretagne et dans la Normandie. Il fallait vaincre et pacifier en même temps ; c'est ce qui eut lieu. Les proclamations à la Vendée parlent un langage tout nouveau : « Il est, dit une de ces proclamations, des citoyens chers à la patrie qui ont été séduits, c'est à ces citoyens que sont dues les lumières et la vérité. Des lois injustes ont été promulguées et exécutées, de grands principes d'ordre social ont été violés. La volonté constante comme la gloire des premiers magistrats sera de fermer les plaies de la France.... La liberté des cultes est garantie par la constitution. Les ministres d'un Dieu de paix seront les premiers moteurs de la réconciliation et de la concorde. Qu'ils parlent aux cœurs le langage qu'ils apprirent à l'école de leur Maître. Qu'ils aillent dans ces temples qui se rouvrent pour eux, offrir le sacrifice qui expiera les crimes de la guerre et le sang qu'elle a fait verser. » A ces accents religieux, à ces paroles de paix, se joint une fermeté nécessaire. Les rebelles ont dix jours pour mettre bas les armes; le délai est deux fois prolongé, puis, lorsque la magnanimité a épuisé toutes les formes, des ordres arrivent, pressants et terribles. Aux combats de Magny, de Meslay, de Mortagne, du Morbihan, la chouannerie est écrasée et disparaît. A dater de ce moment il n'y a plus de Vendée militante. Les partis peuvent conspirer, ils ne peuvent plus combattre.

Aussi un pas de plus se fait vers la royauté. Washington, le héros républicain, vient de mourir, au mois de février; un deuil solennel a lieu pour le fondateur de la république des États-Unis, en même temps que les drapeaux d'Aboukir sont transférés aux Invalides. Après la double cérémonie, le premier consul s'installe dans la demeure des rois; il franchit ces portes redoutables sur lesquelles se lit encore l'inscription de haine à la royauté; et quand Bourrienne le félicite, il répond : « Ce n'est pas tout d'y être, il faut y rester. » Il songe à l'avenir, il regarde ce peuple qui l'entoure et il comprend que c'est sur lui qu'il doit s'appuyer. Simple comme un soldat, il paraît aux regards éblouis, découvre sont front devant les drapeaux troués dans cent batailles, et le peuple applaudit, et les soldats pleurent de joie

Désormais pour lui la France est conquise. Reste l'étranger. Circonstance bien digne de remarque, cet homme, qui doit tout à la guerre, s'occupe tout d'abord d'une seule chose : la paix ; il la promet et il prouve qu'il la veut réellement. Il ramène à lui les États-Unis, la Prusse, la Russie ; mais i lne pourra ramener l'Angleterre, qui est l'âme de la coalition. Aux propositions de paix du premier consul, le ministère britannique répond par des injures, et la guerre devient aussitôt populaire dans cette France qui ne voulait plus de guerre. « Français, dit Bonaparte, vous désirez la paix, votre gouvernement la désire avec plus d'ardeur encore ;... le ministère anglais la repousse. Après n'avoir pas craint de l'offrir, nous nous souviendrons que c'est à nous de la commander. » A l'armée, il parle ainsi, du palais des Tuileries : « Soldats ce ne sont plus vos frontières qu'il faut défendre, ce sont les États ennemis qu'il faut envahir. Lorsqu'il en sera temps, je serai au milieu de vous, et l'Europe se souviendra que vous êtes de la race des braves. »

Il n'est plus question de ces principes qui ont mis le monde en feu, il n'est même plus question de la sacramentelle formule : *Vive la république* ! Déjà tout se résume dans le premier consul. Une armée s'organise comme par miracle ; en deux mois quarante mille chevaux, un matériel immense, et la plus belle artillerie qu'on eût vue jusqu'alors, renforcent une armée peu nombreuse, mais pleine d'enthousiasme, avec Masséna, Oudinot, Compans, Mouton, Soult, Moreau, Vandamme, Ney et tant d'autres pour généraux.

L'entrée en campagne n'est pas heureuse ; le feld-maréchal Mélas a quarante mille hommes à opposer à la faible armée de Masséna. Gênes est bloquée et va capituler ; déjà les Anglais viennent de débarquer à Mahon ; lorsque le premier consul, qu'on croit encore à Paris, arrive à Gênes. A Gênes ? Et pourquoi ? Pour mettre en mouvement cette armée de volontaires, de conscrits, que l'Europe entière raille et qu'on appelle l'armée de réserve. Mais la moitié de cette armée est inhabile à manier les armes et les

Passage du Simplon.

chevaux. Mélas, le général de quatre-vingts ans triomphe ; il a trouvé en défaut le vainqueur de l'Italie. Mélas triomphe trop tôt. Il croit avoir coupé l'armée française, et c'est l'armée française qui va couper la sienne ; il croit menacer la Provence et le Dauphiné, et pour lui déjà l'Italie est perdue ; il cherche les Français en face de lui, ils sont derrière lui. Il a compté sans le génie de Bonaparte, qui depuis quatre mois mûrit son plan et l'exécute partiellement jour par jour. Et ce plan est si audacieux, si impossible, que personne n'y croit. Car Bonaparte va franchir les Alpes, les hautes Alpes, le grand Saint-Bernard, inaccessible au voyageur et il va les franchir avec une armée tout entière. Des traîneaux, des mulets, des brancards, tous les moyens de transport ont été préparés ; pendant trois jours l'armée démonte ses canons, puis le 17 mai elle s'élance au cri de vive le premier consul à l'assaut des Alpes, musique et tambour en tête, et les Alpes sont franchies !

Le 20 mai Bonaparte arrive au sommet du Saint-Bernard. De là, dit M. de Salvandy, il domine le monde.

Si haut qu'il soit, il n'oublie pas la terre, il n'oublie pas Dieu. Son passage à l'hospice du mont Saint-Bernard est l'occasion de fondations pieuses ; le jeune guide qui, dans sa conversation naïve, lui a ouvert son cœur, et lui a confié ses rêves de vingt ans, un chalet ainsi construit, un champ, un troupeau, ce jeune guide, à son retour, trouvera réalisées toutes les fortunes qu'il a rêvées, accomplis tous les rêves qu'il a faits : le chalet, le troupeau, le champ, tout est là. Alors seulement il apprend que l'officier qu'il a guidé est le premier consul, et que son bienfaiteur est Napoléon.

Cependant l'armée s'avance, voilà l'Italie : un cri d'alerte retentit. Les soixante mille hommes de réserve entrent en scène. C'est de la magie. Mélas, tout à l'heure vainqueur, n'a plus maintenant ni ressources ni retraite ; la veille il écrivait à Vienne que le premier consul était à Paris et que son armée de réserve était une armée de *carton*, et le lendemain il faut la combattre.

Le général octogénaire rassemble à la hâte ses bataillons ; et le 14 juin, sur la rive droite du Pô, dans les champs de Marengo, les deux armées se rencontrent. L'armée autrichienne est la plus nombreuse; la victoire hésite, à quatre heures la bataille est perdue pour nous; Desaix arrive. « Oui, la bataille est perdue, dit Bonaparte; mais nous avons le temps d'en gagner une autre; » et pendant que Mélas, vainqueur, est allé se reposer, la seconde bataille est livrée. La charge de Kellermann, la mort de Desaix et le nom de Marengo sont désormais inséparables.

Le lendemain, le maréchal autrichien capitule et rend à la France tout ce qu'elle avait perdu. Bonaparte envoie cet acte aux consuls, avec ces seuls mots: « J'espère que le peuple français sera content de son armée. »

Puis il revient à Paris, deux mois après son départ. En deux mois il avait reconquis l'Italie, constitué la république Cisalpine, créé un gouvernement provisoire en Piémont, placé sur le trône pontifical le pape Pie VII, cet abbé Chiaramonti qu'il avait rencontré dans ses conquêtes évêque d'Imola, et dont il attendait le diadème en échange de l'appui qu'il donnait à la tiare.

Le pays applaudit, ivre d'orgueil.

Et, comme si tout cela ne suffisait pas pour

rendre le premier consul cher au peuple français, il fallut que la fortune l'aidât par les conspirations. De toutes parts des complots se formèrent; le général montait trop vite. Une conjuration républicaine fut découverte la première. On devait frapper le premier consul à l'Opéra. Ceracchi le sculpteur, Aréna, Topinau-Lebrun et Demerville payèrent de leur tête ce complot. Deux mois plus tard, le 24 décembre, on abandonnait le poignard pour la poudre, et la machine infernale de la rue Saint-Nicaise éclatait, faisant trembler les maisons sur leur fondement, tuant dix-sept personnes, en mutilant cinquante, mais respectant Napoléon, par une suprême permission de la Providence.

Quelques minutes après, le premier consul entrait à l'Opéra, le visage calme. En apprenant le danger qu'il venait de courir, le public l'accueillit avec de frénétiques transports; Joséphine pleurait; quant à Napoléon il était sérieux et pensif. A quoi songeait-il ? Etait-ce à la main qui l'avait sauvé ?

La machine infernale était l'œuvre des royalistes; Saint-Régent et Carbon portèrent plus tard leurs têtes sur l'échafaud ; mais Bonaparte feignit de croire que les coupables étaient ailleurs, il accusa les jacobins ; sur certains indices cent trente citoyens furent déportés au delà des mers.

Cependant l'empereur d'Autriche a demandé la paix, qui est également conclue avec le roi de Naples, avec la Bavière, avec le Portugal, avec la Russie, avec la Porte Ottomane ; l'Angleterre elle-même signe la paix d'Amiens ; la France respire enfin après dix ans de guerre. Cela est beaucoup assurément, et pourtant un acte d'une importance plus grande encore marque cette année 1801. Le concordat est signé le 15 juillet, c'est-à-dire que la foi catholique apostolique romaine est déclarée la religion de la grande majorité des Français ; le clergé est rétabli avec toutes les attributions de la puissance spirituelle ; l'épiscopat et le sacerdoce renaissent ; la révolution est frappée au cœur, et les voûtes étonnées de la cathédrale de Paris, ces voûtes séculaires qui avaient vu, quelques années auparavant, le christianisme abjuré par l'évêque de Paris, ses autels renversés pour le culte de la raison, entendent un *Te Deum* solennel, qui est, suivant la magnifique expression d'un historien, comme la réconciliation de la France avec l'Évangile.

Le peuple étonné suit son sauveur et le nomme consul à vie.

L'année 1800 a été consacrée à vaincre, l'année 1801 à pacifier ; 1802 sera consacré à constituer : la création des expositions des produits de l'industrie, pour le commerce, l'institution de la Légion-d'Honneur pour le soldat, suffiraient à immortaliser cette année, dont mille travaux lèguent le souvenir à la postérité.

Ici, ayons le courage de le dire, ici commence l'enivrement ; et quelques fautes en ont résulté. Mais la France, étourdie par toutes les grandes choses, ne voyait que les bienfaits et la gloire du chef.

La presse anglaise, active, railleuse, insultante, luttant avec le premier consul d'égale à égale, la complicité calculée des réponses du ministère anglais, l'incompatibilité du génie particulier des deux peuples, ses intérêts antipathiques, tout cela était plus qu'il n'en fallait pour ramener la guerre. L'Angleterre la déclara le 18 mai. Les mers se couvrirent d'escadres, le blocus enveloppa notre littoral, nos ports furent bombardés, avant que la nouvelle leur fût arrivée que la France avait des ennemis. Aussi ce n'est plus de l'enthousiasme qui accueillit cette guerre contre l'Angleterre, c'est de la haine ; il s'agit d'un cartel terrible, échangé entre les deux premières nations du monde ; l'Europe effrayée court instinctivement aux armes ; l'Irlande, cette misérable esclave de l'Angleterre, qui lutte depuis trois cents ans avec la faim, l'Irlande se lève au cri de : Mort aux Anglais ! Avec la guerre les conspirations recommencent ; d'ailleurs Pitt est là pour payer ou exciter les conspirations : si Bonaparte tombe, tout est gagné.

Bonaparte ne tombera pas. En attendant Georges Cadoudal, Pichegru, Moreau, l'émule de Bonaparte, MM. de Polignac, Lajollais, sont l'âme d'un vaste complot qui étend ses ramifications jusque dans l'armée. Georges, les Polignac, Pichegru et Moreau sont arrêtés et mis en jugement. Pour la première fois la fortune résiste au vainqueur de l'Italie. Il avait besoin de la paix, et voici la guerre; il avait besoin de concorde intérieur, voici des conspirations. C'est dans ces dispositions d'esprit que le surprend un rapport inexact : on lui annonce que Dumouriez et le duc d'Enghien conspirent contre lui ; le duc d'Enghien, jeune et vaillant prince, un Condé, un Bourbon vient assez fréquemment à Paris pour se concerter avec les conjurés. « Le lion rugit, a dit un historien. Dans le moment ce n'est pas calcul, c'est instinct, c'est vengeance de compétiteur, c'est colère. Il apprendra aux plus illustres qu'il peut les foudroyer, aux plus tranquilles qu'il peut les atteindre. Il écrasera ce qui le menace, il noiera dans le sang ce qui l'arrête et le brave. Il est l'égal des Bourbons, puisqu'il règne dans leurs palais. On veut sa vie, il prendra la leur. Ne cherchez point la politique, elle est voilée, elle est muette ; interrogée, elle dirait que c'est un crime inutile, une flétrissure compromettante, une barrière du côté des royalistes, une déchéance du côté des révolutionnaires. La vengeance seule est écoutée. »

Pour cette vengeance il n'y a pas de frontières, pas de traités ; d'ailleurs l'Angleterre a violé le traité : l'enlèvement du duc d'Enghien est ordonné et signé par Napoléon ; le 18 mars le prince est arrêté, et le 21 le dernier rejeton des Condés tombe sous le plomb meurtrier dans les fossés de ce fort de Vincennes où le grand Condé avait été renfermé comme coupable d'avoir porté les armes contre le roi de France.

Le lendemain, au milieu de l'agitation causée par le procès de Moreau et de Pichegru, Paris apprend cette nouvelle; une morne stupeur s'étend sur la capitale. On s'interroge, on cherche à percer le mystère qui a entouré cette exécution nocturne,.... personne ne répond. Nous nous trompons, Napoléon répond lui-même; mais plus tard, mais dix-huit ans après l'exécution; dans son testament, il écrit : « J'ai fait arrêter et juger le duc d'Enghien, parce que cela était nécessaire à la sûreté, à l'intérêt et à l'honneur du peuple français. Dans une semblable circonstance, j'agirais encore de même. »

« La mort du duc d'Enghien, a dit un homme d'État, n'est pas un crime, c'est bien pis, elle est une faute. » Nous avouons ne pas bien comprendre ou nous craignons de comprendre trop bien cette philosophie politique qui est presque un blasphème, et nous laissons à l'avenir le soin de juger si la mort du duc d'Enghien, jugé et condamné par une commission militaire, fut un crime, une faute, ou une nécessité.

Dans la même semaine, Napoléon mit sous les yeux du sénat le tableau des dangers qui menaçaient le pays : la guerre, les complots, les intrigues de l'étranger et celles des factions. Le consulat à vie ne parut plus suffire à la sécurité publique, il fallait une couronne et une hérédité. Le sénat tout entier les offrit à Napoléon ; le peuple consulté ratifia unanimement cette grande mesure. Dans le tribunat, un seul homme protesta ; ce fut Carnot.

Le 18 mai l'Empire fut proclamé, et le 19 Napoléon Ier parut avec son cortége de connétables, de grands dignitaires et de maréchaux. L'armée et le peuple applaudirent.

La dynastie impériale est fondée.

C'est en présence de l'Angleterre ennemie, de l'Europe menaçante, c'est au moment où Moreau va comparaître devant un tribunal, c'est après l'exécution militaire du duc d'Enghien, que Bonaparte franchit le dernier échelon et monte au trône qu'il a conquis.

De Varsovie, le successeur de Louis XVII proteste contre ce qu'il appelle une usurpation. Pour toute réponse, Napoléon Ier fait publier cette protestation dans le *Moniteur*.

Que lui importent maintenant les Bourbons! Il les fera oublier à force de gloire et de puissance...

La république n'est plus, le consulat a terminé sa glorieuse carrière, l'Empire commence: mais, hélas! la révolution n'est pas encore finie; elle est asservie, non domptée.

CHAPITRE VI

L'EMPIRE (1re PÉRIODE)

LE SOLEIL LEVANT—1804-1808

Le nom de Bonaparte s'efface; Napoléon règne, l'Empire a commencé.

Le consulat avait tenu sa promesse. La restauration de l'ordre social était accomplie, la restauration de l'ordre politique entamée, la monarchie impériale s'élevait sur des principes tout nouveaux. Elle garantissait au parti royaliste la religion, la propriété, le repos; au parti révolutionnaire, les biens acquis; à tous, la prospérité et la gloire du pays; elle conviait les cœurs à la conciliation et à la concorde.

En même temps un grand acte de clémence signalait le commencement de ce règne. Vingt des coaccusés de Georges Cadoudal avaient eté condamnés à mort; le général Moreau devait subir dix années de détention. L'Empereur commua cette peine en un exil aux États-Unis. Madame de Polignac vint se jeter aux pieds de l'empereur et implorer la grâce de son mari. « Je puis pardonner à votre mari, dit Napoléon, car c'est à ma vie qu'on en voulait. »

Parmi les dix-sept conjurés condamnés à la peine capitale, huit échappèrent à l'échafaud. Georges, qui n'avait pas voulu demander sa grâce, périt avec douze de ses complices. Ainsi la part du châtiment fut faite, après celle de la clémence.

Après avoir réorganisé l'école polytechnique, l'école des ponts et chaussées, les écoles de droit, institué un ministère des affaires religieuses et promulgué le code Napoléon, l'empereur inaugura l'institution de la Légion-d'Honneur sous les voûtes des Invalides. Il n'oubliait pas que c'était à l'armée qu'il devait sa fortune; il savait qu'il aurait encore besoin d'elle. Dix-huit maréchaux de l'Empire furent créés ; et dans cette cour brillante et nombreuse qu'il forma, dans

Napoléon à Boulogne.

cette aristocratie nouvelle qu'il fonda, dans ces titres de noblesse dont la gloire militaire fournit les parchemins, ses anciens compagnons d'armes eurent la meilleure part. Le reste fut donné aux hommes de l'ancien régime qui vinrent à lui.

Les faveurs avaient excité un vif enthousiasme dans tous les rangs de l'armée. Une cérémonie qui eut lieu à Boulogne, où était organisé le camp redoutable qui menaçait l'Angleterre, lui donna l'occasion de se montrer à ses soldats. Ce fut là que fut prêté le serment de l'ordre de la Légion-d'Honneur, au milieu de tout l'éclat de la puissance du nouvel empereur. Ce fut là aussi que lui fut adressé un mémoire qui pouvait perdre l'Angleterre. Ce mémoire, signé Fulton, traitait de la puissance motrice de la vapeur, appliquée aux bateaux plats destinés à opérer la descente en Angleterre.

« Sire, disait l'ingénieur, la mer qui vous sépare de votre ennemi lui donne sur vous un immense avantage. Eh bien! cet obstacle qui le protége, je puis le faire disparaître!... Je puis, malgré tous ses vaisseaux, en tout temps et en peu d'heures, transporter votre armée sur son territoire, sans craindre les tempêtes et sans le secours des vents. Mes moyens, Sire, les voici... »

Et Fulton exposait son système.

— Si cet homme dit vrai, s'écria l'Empereur après avoir lu, les peuples lui élèveront des statues d'or !

Il appela son secrétaire et dicta la lettre suivante :

« Monsieur le ministre de l'intérieur, je viens de lire le projet du nommé Fulton, ingénieur, que vous m'avez adressé beaucoup trop tard, en ce qu'il peut changer la face du monde. Quoi qu'il en soit, je désire que vous en déferiez l'examen à une commission composée de membres choisis par vous dans les différentes classes de l'Institut. C'est là que l'Europe savante irait chercher des juges pour résoudre la question dont il s'agit. Une grande vérité, une vérité physique, palpable, est devant mes yeux, ce sera à ces messieurs de la voir et de la saisir. Aussitôt leur rapport fait, il vous sera transmis et vous me l'enverrez. Tâchez que tout cela ne soit pas l'affaire de plus de huit jours, car je suis impatient — Sur ce, monsieur de Champagny, etc... »

Deux mois après et non huit jours, l'Empereur recevait le rapport des membres de l'Institut sur la découverte de l'ingénieur Fulton. L'inventeur était traité de visionnaire, et sa découverte, d'idée folle, d'erreur grossière, d'absurdité.....

— C'est malheureux, dit Napoléon; sa découverte semblait faite exprès pour moi.

De Boulogne, l'Empereur s'était rendu à Aix-la-Chapelle, l'antique cité de Charlemagne. Comme le premier empereur d'Occident, il voulut faire consacrer son pouvoir par le Souverain-Pontife; seulement Charlemagne était allé à Rome recevoir la couronne des mains du pape Léon III, Napoléon pria Pie VII de venir lui-même le couronner à Paris.

Le Saint-Père s'excusa d'abord sur son grand âge, sur la longueur du voyage, la saison avancée (on était au mois d'octobre); mais l'intérêt de la Religion, la crainte de nouvelles dissensions, décidèrent le Souverain-Pontife.

Le 5 novembre 1804, il partit de Rome; le 25 du même mois il rencontra à Fontainebleau le nouvel empereur qui venait au-devant de lui, et qui le ramena aux Tuileries, où il l'entoura de toutes sortes d'égards.

C'était la religion même qui, dans la personne du vicaire de Jésus-Christ, venait bénir la puissance de Napoléon.

Le sacre eut lieu le 2 décembre, par un froid rigoureux, par un ciel sans soleil. Ses pompes furent magnifiques. « Il semblait, a dit un historien, que ce fut un baptême de Clovis, un sacre de Charlemagne, une inauguration d'ère et de dynastie. L'Eglise, qui est éternelle, par le concours de son chef visible, suppléait au passé et promettait l'avenir.... Pie VII et Napoléon étaient deux conquérants qui prenaient tous deux possession de l'Empire ; la religion semblait soumettre les Gaules pour la seconde fois. »

Lorsqu'il eut prononcé le serment prescrit, la main posée sur les saintes Écritures, il saisit la couronne des mains du Souverain-Pontife, et la plaça sur son front, comme pour marquer qu'il la tenait de Dieu seul et de son épée.

Les voûtes de Notre-Dame retentirent du cri de vive l'Empereur.

Couronnement de l'Impératrice.

Puis le cortége reprit sa route.

Circonstance digne de remarque ! un sourire moqueur, reste de ce levain d'incrédulité philosophique que la révolution avait jeté dans les masses, accueillait souvent le porte-croix du Pape, monté comme toujours sur sa mule, spectacle tout étrange aux yeux du peuple de Paris, et qui en effet offrait un contraste singulier de simplicité au milieu des grandeurs de cette journée.

De toutes ces splendeurs la croix seule devait être debout vingt ans plus tard.

Une moitié de l'Europe reconnut le nouvel empereur, l'autre moitie refusa. Quant à l'Angleterre, elle jura la perte de ce trône dont elle niait l'existence ; et pourtant, c'est bien à ce trône qu'on eût pu appliquer le mot célèbre du général Bonaparte : Aveugle qui ne le voit pas.

Napoléon, quoi qu'on en ait dit, fit tout pour assurer le maintien de la paix. Empereur, il écrivit encore comme il avait écrit premier consul. Seulement cette fois il appela le roi d'Angleterre : « Monsieur mon frère. »

« Mon premier sentiment, dit-il, est un vœu de paix. La France et l'Angleterre usent leur prospérité. Elles peuvent lutter des siècles : mais leurs gouvernements rempliront-ils le plus sacré des devoirs ? Et tant de sang versé inutilement et sans la perspective d'un but ne les accuse-t-il pas dans leur propre conscience? Je n'attache pas de déshonneur à faire le premier pas. J'ai assez, je pense, prouvé au monde que je ne crains aucune des chances de la guerre... »

Plus loin il ajoutait.

« Quelle triste perspective de faire battre les peuples pour qu'ils se battent ! Le monde est assez grand pour que nos deux nations puissent y vivre, et la raison a assez de puissance pour qu'on trouve les moyens de tout concilier, si de part et d'autre on en a la volonté. »

A cette noble démarche le cabinet anglais ne répondit que par une fin de non-recevoir, en termes cauteleux et ambigus, adressés au *chef du gouvernement français.*

Cette lutte décida du sort de l'Europe. Comme jadis, tous les maux de l'humanité sortirent de la boîte de Pandore, tous les malheurs de la guerre résultèrent de l'orgueilleux entêtement de la Grande-Bretagne.

Le but de l'Angleterre fut bientôt connu. Il s'agissait, d'accord avec la Russie et l'Autriche, d'enlever à la France toutes ses conquêtes et de la réduire aux limites de 1792. L'Angleterre oubliait qu'au moment où Napoléon lui offrait la paix, il comptait cent quatre-vingt-treize mille hommes prêts à être embarqués sur soixante-dix-neuf vaisseaux de ligne et plus de deux cents bâtiments de guerre et de transport, tous armés, et prêts à voguer vers la Tamise.

Au milieu des immenses préparatifs que Napoléon multipliait pour triompher de l'Angleterre et la forcer à la paix, l'Italie vint lui offrir une seconde couronne, la couronne de fer. Il accepta, et se rendit à Milan, où il fut sacré une seconde fois. « *Dieu me la donne, gare à qui la touche!* » dit-il en posant lui-même la couronne sur sa tête. Et l'ordre de la couronne de fer fut créé, avec ces mots pour devise.

En traversant la Champagne pour aller à Milan, il s'était arrêté à Brienne, qui lui rappelait les premiers souvenirs de ses premières années.

Il devait revoir encore Brienne dix ans plus tard, et y livrer la première grande bataille de la campagne de France : mais combien alors la fortune devait être changée pour lui !

Cependant l'Angleterre et la Russie s'étaient unies par un traité. L'Autriche, prenant part à la coalition, avait mis en marche quatre-vingt mille hommes, commandés par l'archiduc Ferdinand et le général Mack, pendant que le prince Charles s'installait dans le Tyrol avec trente mille soldats. Napoléon, de retour au camp de Boulogne, apprend ces mouvements; l'amiral Villeneuve s'est laissé bloquer dans un port d'Espagne, l'expédition d'Angleterre est avortée. Qu'importe ! Il prend l'une des résolutions les plus hardies que son génie lui ait jamais inspirées. L'armée qu'on avait nommée l'armée d'Angleterre va s'appeler la grande armée, la campagne d'Austerlitz est écrite sur le papier, le plan en est dressé pour deux cents lieues, jour par jour, jusqu'à Munich. Au delà les époques seules différeront.

Le camp de Boulogne levé, la grande armée s'ébranle; elle s'avance à marches forcées, rencontre l'ennemi à Stuttgard, le repousse en Bavière, le détruit et l'humilie dans Ulm, et le chassant de poste en poste, l'accule jusque sous les

Napoléon à Boulogne.

murs de Vienne, qui ouvre ses portes le 15 novembre.

Jusque-là l'Autriche seule a combattu. Voici maintenant l'armée russe. Elle apparaît dans les champs de la Moravie. L'empereur Alexandre la commande en personne. La Prusse, dont le territoire a été violé, sort de la neutralité qu'elle a observée jusque-là, et va joindre ses soldats aux soldats de l'Autriche et de la Russie. Mais Napoléon la prévient.

Le 2 décembre, jour anniversaire de son couronnement, à lieu la bataille d'Austerlitz, dite des trois empereurs. Comme le grand Frédéric à Friedberg, Napoléon a reconnu le terrain ; la veille il a adressé à son armée une de ces proclamations qui l'électrisent ; puis, conservant toute sa présence d'esprit au milieu des plus grands dangers, et alors que le moindre revers pouvait tout perdre, il dort au bivac, et livre la bataille la mieux préparée, la plus habilement combinée du siècle. La position est admirablement choisie, il a su attirer son ennemi où il voulait, toutes ses dispositions, tous ses mouvements sont réguliers, méthodiques ; il ne commet pas une faute, et celles que ses adversaires commettent doivent les perdre. Ils laisseront trente mille hommes dans cette plaine d'Austerlitz, et dans ce lac glacé où Napoléon a su les acculer.

Le lendemain, l'empereur d'Autriche vint demander la paix. Napoléon le reçut à son bivac, et s'excusa de n'avoir pas d'autre palais à lui offrir, n'en habitant pas d'autre depuis deux mois. — Vous tirez trop bon parti de votre habitation, répondit le futur beau-père de Napoléon, pour ne pas vous y plaire.

Ainsi la vieille royauté est forcée de baisser la tête devant le soldat couronné; un peu plus tard l'orgueil dynastique fera fléchir le soldat couronné devant le roi qu'il a vaincu. En attendant, un armistice est conclu, et l'empereur Alexandre rentre dans ses États, devant à la générosité du vainqueur le salut d'une partie de son armée. La Prusse a désarmé; l'Autriche restera debout, à condition d'abandonner Venise, l'Istrie, la Dalmatie, l'Albanie, à la couronne d'Italie. C'est la digue de l'empire de Charlemagne que Napoléon veut recommencer. Il ne s'agit plus pour lui de régner, il fait régner ses sujets. Un décret an-

M. de Talleyrand.

nonce au monde que la dynastie des Bourbons de Naples a cessé d'être ; c'est une couronne qu'il destine à son frère Joseph. Le duché de Massa-Carrara sera pour sa sœur la princesse Borghèse. Un homme d'État illustre, M. de Talleyrand, un soldat vaillant, Bernadotte, reçoivent des mains de Napoléon les principautés de Bénévent et de Ponte-Corvo. Tous deux le trahiront plus tard. Eugène de Beauharnais, son beau-fils, le vice-roi d'Italie, s'allie à la princesse Auguste de Bavière, qui fera souche de têtes couronnées. Berthier épouse une princesse. Les fils de la révolution, s'écrie un historien en racontant ces prodiges, prennent place à la tête et au-dessus de toutes les noblesses européennes. Une campagne de 60 jours a fait tout cela.

Mais toute médaille a son revers. Le 27 octobre la marine française a péri à Trafalgar. A dater de ce jour l'Angleterre règne sans conteste sur les mers.

Rentré à Paris, où un enthousiasme universel l'accueille, Napoléon célèbre par des fêtes populaires les triomphes de la grande armée, qui sont les siens; il rétablit la fête du Prince en y joignant la commémoration du rétablissement de la religion catholique dans l'Empire; il consacre la basilique de Saint-Denis à la sépulture impériale, et restitue l'église de Sainte-Geneviève à la religion, qui seule peut la remplir. L'inscription « *Aux grands hommes la patrie reconnaissante* » disparaît, et le Panthéon redevient la maison du Seigneur.

Le canon vient à peine de cesser de retentir, et les plus nobles travaux s'accomplissent : les routes sont construites dans les Alpes, le port d'Anvers est creusé, celui de Cherbourg se construit, des canaux sillonnent le territoire, Paris voit s'élever des temples et des monuments gigantesques, et salue sa glorieuse colonne d'Austerlitz. L'université impériale est organisée ; le code de procédure civile s'ajoute au code Napoléon. Encore quelques années de paix, et la France sera la plus heureuse et la plus féconde des nations.

Mais la guerre est le fléau qui perdra l'Empire et l'Empereur. Une nouvelle coalition se forme. La Prusse renonce à la neutralité et ouvre ses ports aux Anglais. La Russie, plus prudente, ne signe pas tout d'abord le traité; mais l'Autriche traite secrètement avec l'Angleterre, la Suède et la Russie. La France est sommée de retirer toutes ses troupes en deçà du Rhin, avant le 8 octobre, et on est au 25 septembre. Une jeune et belle reine a excité les transports de l'armée prussienne, la guerre est déclarée. A la réception de cet étrange cartel, Napoléon répond en franchissant le Rhin. « On nous donne un rendez-vous d'honneur pour le 8 octobre, s'écrie-t-il, et comme il y a une belle princesse qui nous attend, soyons courtois, marchons sans nous arrêter jusqu'en Saxe. »

L'Empereur et son armée sont déjà sur la Saale, que les Prussiens les croient encore dans les fêtes.

Le roi de Prusse est d'abord averti, comme a été avertie l'Angleterre ; il ne veut rien écouter. Alors, après quelques engagements qui sont comme les préludes de la campagne et qui coûtent la vie à un prince du sang de Prusse, le coup de foudre qui a terminé la campagne d'Autriche commence la campagne nouvelle, la monarchie prussienne est détruite à Iéna. Tous les vieux soldats du grand Frédéric succombent tour à tour devant les jeunes généraux du descendant de Charlemagne. A Postdam le héros s'incline devant le tombeau de son devancier, puis il fait son entrée triomphale à Berlin.

L'année 1805 a été l'année d'Austerlitz, l'année 1806 est celle d'Iéna ; bientôt l'année 1807 va recevoir le nom de Friedland, 1809 empruntera son nom à Wagram.

Quatorze jours ont suffi à renverser la monarchie du grand Frédéric ; mais il reste encore des ennemis à vaincre. Les armées russes arrivent à marches forcées. Là où elles croyaient rencontrer les armées prussiennes, elles trouveront les colonnes françaises.

Avant de tirer de nouveau l'épée, Napoléon prend la plume. Il veut frapper son ennemi véritable, celui qui lui échappe sans cesse, mais qui est le plus redoutable de tous : il veut frapper l'Angleterre au cœur ; par un décret daté de Berlin, il ordonne le blocus de l'empire britannique tout entier, c'est-à-dire qu'il interdit à la France et à ses alliés tout rapport, tout commerce, tout contact avec les comptoirs, avec les ports, avec les bâtiments anglais, déclare dénationalisés, saisissables partout, les vaisseaux, les hommes, les denrées sur lesquelles avait été exercé le droit de visite, et institue ainsi un nouveau droit public dans le monde.

Si ce système du blocus continental devient universel, l'Angleterre est perdue ; mais il ne le deviendra pas : les intérêts, les penchants, les besoins des peuples sauveront la puissance britannique.

Au milieu de tant de succès et de tant de gloire, Napoléon se repose des émotions du conquérant, par des actions généreuses. Le prince d'Hatzfeld, à qui il avait confié le commandement civil de Berlin, avait instruit le roi de Prusse des mouvements de l'armée française. Une lettre interceptée dévoile la trahison, une commission militaire va juger le coupable, lorsque la princesse d'Hatzfeld, qui se trouvait dans un état de grossesse avancée, vient se jeter aux genoux de l'Empereur et protester que le prince est incapable d'une pareille perfidie.

— Vous connaissez l'écriture de votre mari, lui dit Napoléon, jugez vous-même.

La princesse, atterrée, s'évanouit. Bientôt à force de secours elle revient à elle.

— Tenez, madame, ajoute Napoléon en lui remettant la lettre du prince, cette lettre est la seule preuve que j'aie contre votre mari, jetez-la au feu.

A Posen, il signe, en courant, le décret qui fait de l'église de la Madeleine le temple de la gloire; conception païenne qui convenait à l'enthousiasme guerrier de ce temps, mais que le nôtre n'admet pas. Il passe l'hiver à Varsovie, à 500 lieues de la capitale, régnant sur tout le continent, ayant une cour d'ambassadeurs, et veillant de là à tous les intérêts de son empire.

Cependant la lutte n'est pas finie; la Prusse s'est révoltée et la Russie a refusé l'armistice d'Austerlitz. Malgré l'hiver, la grande armée va d'abord marcher contre les Russes. C'est là un ennemi digne d'elle. Dans deux combats, c'est à coups de canon qu'il faut démanteler ces murailles d'hommes qui forment les bataillons moscovites; à Eylau, la supériorité française éclate; mais elle est achetée par des flots de sang: trente mille hommes restent sur la neige du champ de bataille, et un double *Te Deum* est entonné à Saint-Pétersbourg et à Paris.

Napoléon veut en finir. Il poursuit les Russes, les bat plusieurs fois et arrive au Niemen. La bataille de Friedland décide de l'empereur Alexandre, qui perd quarante mille hommes et soixante-dix drapeaux. La monarchie prussienne a disparu ; le roi de Prusse n'a plus à compter que sur la générosité du vainqueur.

Le 25 juin 1807, les deux empereurs s'abordèrent sur un radeau construit au milieu du Niemen, et se donnèrent la main. Les conférences furent fréquentes et intimes. Les deux hommes dont la pensée et l'autorité régnaient sur le continent tout entier projetèrent le partage régulier de l'empire du monde. Napoléon défendit l'empire ottoman, Alexandre défendit la Prusse. Un jour, dans un de ces dîners de rois que Napoléon donnait à Tilsitt, Frédéric-Guillaume, roi de Prusse, proposa un toast à la santé de l'empereur Napoléon, qui lui rendait ses États. — « Ne buvez pas tout, » répliqua Napoléon. En effet le roi de Prusse ne rentra que dans une moitié de son royaume.

Cette paix de Tilsitt est le point culminant de la fortune de Napoléon et des triomphes de l'Empire. A cette heure tout fléchit sous sa main. Alexandre, qui, vingt mois auparavant, refusait de le reconnaître au rang des têtes couronnées, reconnaît maintenant les rois que Napoléon fait dans toute l'Europe. Il va plus loin, il s'engage à retirer au roi de France proscrit l'hospitalité qu'il lui avait accordée. Tous les États hostiles sont soumis, les États alliés confirmés dans leur dépendance; il n'y a plus qu'un maître en Europe. La défaite de Rosbach est vengée, et Napoléon est venu enlever lui-même à Postdam l'épée du grand Frédéric, le héros du XVIIIe siècle.

« J'aime mieux cela que vingt millions, s'est-il écrié; j'enverrai cette épée aux Invalides : les vieux soldats qui ont survécu aux guerres de Hanovre accueilleront avec un respect religieux tout ce qui appartient à l'un des premiers capitaine dont l'histoire conserve le souvenir. »

Le 29 juillet, Napoléon fait sa rentrée à Paris. Jamais prince ne s'était montré à ses peuples rayonnant de tant de gloire. Il n'avait plus qu'un ennemi dans le monde; et la fortune de cet

Une fête.

ennemi pliait déjà. Le bombardement de Copenhague et de la flotte danoise par les Anglais avait soulevé l'indignation du monde. C'était un assassinat en grand. L'empereur de Russie, la Prusse, l'Autriche, adoptèrent les principes du blocus continental, et Londres étonnée voyait les ambassadeurs des puissances de l'Europe quitter l'Angleterre.

Au même moment, Paris était le rendez-vous des rois; l'épée du grand Frédéric arrivait de Postdam, en même temps que l'épée de François 1er était restituée par l'Espagne, et que les dépouilles de toutes les capitales venaient enrichir nos musées. Et, au milieu de toutes les magnificences d'une cour où les potentats de l'Europe faisaient chaque jour antichambre, des travaux gigantesques étaient décrétés, entrepris et exécutés sur tous les points. Le code de commerce, le code de procédure criminelle, étaient terminés ; l'Institut était chargé de rendre compte de l'état des lettres, des sciences et des arts. Les noms de David, Girodet, Gros, Gérard, Drouais, Guérin, répondent pour la peinture ; ceux de Soufflot, de Gondouin, de Rousseau, de Boulanger, de Percier et de Fontaine, pour l'architecture; Chaudet, Cartelier, Julien et Houdon, pour la statuaire et la sculpture; Châteaubriand seul répond pour les lettres, avec les *Martyrs*.

Nous le répétons, Napoléon est à ce moment au point culminant de sa puissance; mais il touche à l'abus de cette puissance. Le tribunat, dernier vestige de la république, disparaît, vingt deux jours après le retour de Tilsitt. La magistrature est frappée dans son indépendance, un sénatus-consulte prescrit l'épuration des tribunaux dans toute la France; la religion, qui a été relevée, honorée, protégée, va être frappée dans la personne du Souverain-Pontife, le droit des nations méconnu dans la guerre d'Espagne. « Toutes les circonstances de mes désastres, disait un jour Napoléon à Sainte-Hélène, se rattachent à ce nœud fatal ; la guerre de la Péninsule a détruit ma moralité en Europe, divisé mes forces, multiplié mes embarras. »

L'Espagne se soulèvera tout entière, et Napoléon apprendra que l'insurrection nationale ne se réduit pas sur des champs de bataille. Quant à Pie VII, dont on occupe les États, au nom du blocus continental, il ne résistera pas, il ne se soumettra pas ; il se retirera au fond de son palais, silencieux, résigné, ne proférant pas une plainte ; ce vieillard qui n'a ni armée, ni trésor, sera pour Napoléon le plus embarrassant des obstacles, car il représente la religion, comme l'Espagne représente l'indépendance.

Napoléon s'attaque aux deux principes qui l'ont consacré, la puissance spirituelle, les droits des peuples. Il se brisera contre ces deux forces. Et c'est avec raison qu'un homme d'État, en voyant s'accomplir la double invasion des États romains et du territoire espagnol, prononce cette parole prophétique : C'est le commencement de la fin.

CHAPITRE VII

L'EMPIRE (2me PÉRIODE)

LE COMMENCEMENT DE LA FIN — 1808-1811

Napoléon avait rêvé la réunion de l'Espagne à la France. C'était tenter une chose impossible. Il est bien vrai que, depuis cent ans, l'Espagne était en réalité gouvernée par la France; de même que sous Louis XIV, sous Charles III, sous Charles IV, les idées françaises avaient étendu leur empire de l'autre côté des Pyrénées. Ainsi la nation espagnole s'était associée à la fortune de Napoléon ; mécontente de ses destinées, imputant à la dynastie qui la gouvernait une décadence qui tenait plutôt à la disproportion de ses forces avec ses possessions, insultée par l'Angleterre, elle appelait l'influence du génie de l'Empereur pour la régénérer et la venger. Don Manuel de Godoy, prince de la Paix, simple garde du corps élevé par la reine au souverain pouvoir, était en butte à la haine publique. Un drame de famille, l'arrestation du prince des Asturies, fils de Charles IV, accusé de complot contre la couronne et la vie de son père, avait ébranlé profondément les imaginations espagnoles, qui s'étaient dès lors tournées vers l'Empereur. Aussi, lorsque nos colonnes traversèrent l'Espagne pour aller combattre en Portugal les soldats de l'Angleterre, avaient-elles été reçues sous des arcs de triomphe. Mais bientôt la scène change. Une révolution populaire renverse Godoy, et Charles IV abdique en faveur de Ferdinand VII, qui est proclamé roi au milieu de l'enthousiasme général. Malgré la révolte du 2 mai, qui proteste contre l'enlèvement de la famille royale, malgré le mouvement patriote et religieux qui se manifeste dans toute la péninsule, Napoléon donne la couronne d'Espagne au roi de Naples Joseph, son frère.

En vain Napoléon proteste-t-il qu'il maintiendra l'intégrité de la monarchie espagnole; cette guerre s'annonce terrible, implacable; elle ne sera pas seulement de troupe à troupe, mais de peuple à peuple, d'homme à homme. L'honneur, la foi antique, les mœurs de la société espagnole sont en jeu; aussi la résistance procède par le massacre, elle s'organise dans les juntes centrales et locales, qui sont instituées et qui traitent avec l'Europe au nom du droit des nations.

Pour la première fois depuis l'Empire, les lieutenants de Napoléon éprouvent des revers. Partout les généraux se replient devant le soulèvement de tout un peuple, en illustrant leur retraite par de nobles actions et de nobles victoires. Mais Joseph, qui est entré dans Madrid au milieu de la solitude des tombeaux, quitte sa capitale huit jours après avec son armée.

L'étoile impériale a pâli.

Napoléon a senti le coup, il veut y riposter. Il dégarnit l'Allemagne pour couvrir la Péninsule. L'Allemagne en profitera bientôt; l'Autriche arme déjà, et partout des sociétés secrètes s'organisent. L'astre de l'indépendance efface déjà l'astre de la gloire.

Deux conscriptions sont demandées au sénat,

et accordées par lui. Deux moissons d'hommes pour une seule année.

Cependant l'empereur de Russie n'abandonne pas encore la fortune de la France ; à Erfurth, où Napoléon lui a donné rendez-vous, il lui serre la main, et applaudit quand Talma dit au théâtre ce vers d'OEdipe :

« L'amitié d'un grand homme est un bienfait des dieux. »

D'ailleurs il s'agit de réaliser le partage du monde : Napoléon s'étendra des deux côtés de la Méditerranée jusque dans l'Algérie qu'il convoite. Alexandre aura la Finlande, la Porte Ottomane, tout l'Orient, les Indes orientales.

Après trois semaines de conférences intimes, le 14 octobre, soir anniversaire de la bataille d'Iéna, les deux empereurs se quittent. Ils ne se reverront plus que sur les champs de bataille.

Napoléon part pour l'Espagne. Il va trouver l'Angleterre, dit-il dans une proclamation. Il triomphe à Burgos, à Somo-Sierra, assiste à la soumission de Madrid; mais il ne va pas, comme il l'avait annoncé, jusqu'à Lisbonne ; il abandonne la suite de la guerre à ses lieutenants, et il est de retour à Paris le 23 janvier 1809. A-t-il voulu fuir cette guerre abominable où le poignard remplace l'épée, et où les moines, les femmes et les soldats sont des ennemis ? ou bien a-t-il des inquiétudes secrètes sur son gouvernement?

Le *Moniteur* a désavoué l'impératrice, qui, dans une réponse officielle, avait donné au corps législatif le titre de représentant de la nation; le seul représentant de la nation c'est l'Empereur, a dit le journal officiel; puis le grand coup a été frappé. Le prince de Talleyrand est destitué de sa charge de grand-chambellan. C'est un avis aux mécontents.

Sur ces entrefaites, la cinquième coalition commence. L'Autriche, qui a été traitée avec mépris dans les conférences d'Erfurth, rompt violemment le traité de Tilsitt. Comme toujours, l'Angleterre est derrière elle. Le cabinet de Vienne dispose de cinq cent mille hommes, Napoléon n'en a pas deux cent mille à lui opposer; mais Masséna, Davoust, Bernadotte, Oudinot, Lannes, Macdonald, les commandent, et Napoléon est à leur tête. Le 16, il est en face des lignes autrichiennes, et trois jours après, quatre batailles glorieuses ont rompu et mis en retraite l'armée coalisée. A Ratisbonne, Napoléon est touché pour la première fois par le fer ennemi; mais il poursuit sa marche, arrive sous les murs de Vienne, bombarde la capitale de l'Autriche, qui se rend au bout de huit jours.

C'est toujours le vainqueur de l'Italie, c'est toujours le maître des champs de bataille que viennent de revoir Thann, Abensberg, Eckmulh; mais l'aspect de la guerre a changé. Ce n'est plus une lutte entre les cabinets et les rois, c'èst un cartel entre les nations. L'Espagne a soulevé tous les patriotismes et toutes les colères de l'Europe; et, comme il arrive dans tous les mouvements vraiment nationaux, des corps de partisans s'organisent de tous côtés en Allemagne, en même temps que le Tyrol, la Westphalie, le Wurtemberg, se soulèvent, et que vingt corps d'armée se fatiguent à réduire ces insurrections et ces soulèvements.

Mais, ainsi que nous l'avons dit dans le chapitre précédent, un grand évènement devait consommer le renversement de Napoléon.

Il avait, par un décret daté du 15 mai à Vienne, réuni les États de l'Église à l'Empire, les revendiquant du chef de Charlemagne. C'était changer violemment la situation respective des puissances européennes; c'était faire du chef spirituel de tous les États Catholiques le pensionnaire et le sujet d'un seul ; c'était dépouiller le vieillard qui l'avait couronné, c'était engager une lutte inégale avec une puissance qui n'avait pas besoin de liberté pour faire de l'opposition. Le Pape vengea hardiment les droits et la dignité du trône de saint Pierre. Il lança contre Napoléon les foudres de l'Église, et il appela l'anathème sur ce front qu'il avait consacré quelques années auparavant. A l'anathème, l'Empereur répondit par la force, et, le jour même où se livrait la bataille de Wagram, le Souverain-Pontife était enlevé de son palais et emmené à Grenoble au milieu des populations agenouillées de l'Italie.

Cependant l'Autriche s'était relevée sur l'autre rive du Danube, où apparaissent de nouvelles armées ; Essling immortalise le nom de Masséna et celui de Lannes, duc de Montebello, qui y perd la vie. Le maréchal, compagnon de toutes les victoires de l'Empereur, eut les deux genoux fracassés par un boulet. Napoléon l'apprit, il se rendit près du blessé, et s'agenouillant devant le brancard qui le portait : — Lannes, s'écria-t-il, me reconnais-tu? C'est ton ami, c'est Bonaparte; Lannes, tu nous seras conservé. — Le maréchal ouvrit les yeux et répondit avec peine : — Je désire vivre, si je puis vous servir... ainsi que la France; mais je crois qu'avant une heure vous aurez perdu celui qui fut votre meilleur ami.

Napoléon pleurait. Voilà l'homme que ses ennemis ont accusé d'insensibilité!

Le 27 mai, la fameuse bataille de Wagram rend encore une fois Napoléon maître du sort de l'empire germanique. Pour la troisième fois, l'Autriche implore la paix. Un armistice conclu, peu de jours après Wagram, est suivi de négoçiations qui pendant trois mois tiennent l'Europe en suspens et qu'un évènement inattendu vient terminer.

Pendant une revue que l'Empereur passait à Schœnbrunn, un étudiant nommé Frédéric Stabs, âgé de dix-huit ans, fils d'un ministre protestant de Hambourg, s'était approché de Napoléon et lui avait adressé la parole en allemand, lorsque le général Rapp, aide-de-camp de service, découvrit sur ce jeune homme une arme cachée. Stabs fut arrêté. Conduit devant l'Empereur, il déclara qu'il était venu pour délivrer son pays de l'oppression. — Cet homme est fou, dit Napoléon, tâtez-lui le pouls, ajouta-t-il en s'adressant à Corvisart. — Monsieur se porte bien, fit le célèbre médecin. — Je vous l'avais bien dit, reprit Stabs avec une véritable satisfaction. — Vivement frappé de la résolution de ce jeune homme, Napoléon lui demanda ce qu'il ferait s'il avait sa grâce. — Je recommencerais, répondit-il. — Stabs fut fusillé. Il expira en s'écriant : *Vive la liberté! Vive l'Allemagne!*

Napoléon comprit que les peuples entraient dans la lutte de leurs chefs et qu'il fallait compter avec eux. Les conditions territoriales de la paix de Vienne furent plus douces que celles du traité précédent.

Ces évènements, jetés à travers la résistance exaspérée de l'Espagne, devaient accroître les difficultés anciennes et en créer de nouvelles.

Ce fut alors que, voyant la religion se retirer de lui, l'officier de fortune se tourna vers la légitimité et songea à associer à son origine plébéienne une fille des Césars... Pour cela il lui fallait divorcer avec Joséphine.

C'était frapper la superstition populaire dans ce qu'elle avait de plus cher. Pour les masses, l'étoile de l'empereur c'était Joséphine, origine de sa fortune. Napoléon ne le sentit pas. Vainqueur, il demanda pour rançon au souverain vaincu une fille du sang royal. L'Autriche résista longtemps et finit par céder.

Ici, à côté de la raison d'État éclate le drame de famille. Il faut préparer Joséphine à cette séparation, qui doit être pour elle si douloureuse. La pauvre femme accourt au devant de l'Empereur qui revient de Wagram ; elle vient le rejoindre à Fontainebleau. Pour la première fois les communications qui existent entre les appartements de l'Empereur et de l'Impératrice sont fermées. Déjà les froides réserves des courtisans si prompts à deviner, la contrainte silencieuse de Napoléon, l'attitude de sa famille, annoncent assez à Joséphine le sort qui l'attend. Enfin le

30 novembre, après un dîner triste et silencieux, l'Empereur passe dans son salon, Joséphine l'y suit, dévorant ses larmes. Alors s'approchant d'elle, Napoléon lui prend la main et lui adresse des paroles de tendresse ; puis il ajoute : « Mais ma destinée est plus forte que ma volonté, mes affections les plus chères doivent se taire devant les intérêts de la France. »

Joséphine ne peut plus même douter, elle tombe suffoquée par une crise nerveuse, et le préfet du palais, aidé de l'Empereur lui-même, la transporte dans ses appartements.

Mais chez cette noble femme le dévouement égalait l'affection. Elle dévora sa douleur, elle se résigna, elle se soumit à tout ; ce fut son propre fils, le prince Eugène, qui annonça au sénat le terrible sacrifice et lui fit accepter la sentence de divorce. Enfin le jour fatal arrivé, le 10 décembre 1809, les formalités ayant été remplies, toute la famille impériale, tous les grands dignitaires de la couronne, furent réunis aux Tuileries. Napoléon, assis dans un fauteuil à côté de l'archi-chancelier, était pâle, et immobile, les bras croisés et les yeux tournés vers les appartements de l'Impératrice. Enfin un huissier annonce : Sa Majesté l'Impératrice Reine. Napoléon se lève; Joséphine est vêtue d'une robe de mousseline unie, elle ne porte pas un seul bijou, si ce n'est un petit médaillon suspendu à son cou. Ce médaillon contient le portrait du général Bonaparte. Elle s'appuie sur le bras de la reine Hortense, aussi émue que sa mère. Eugène debout, près de l'Empereur, cherche en vain à cacher le trouble qui l'agite.

Joséphine s'étant assise devant une table recouverte d'un tapis de velours, un peu en avant de Cambacérès, les grands dignitaires prennent place, et il est donné lecture de l'acte de séparation, qui est écouté dans un morne silence. L'Impératrice était calme en apparence, mais de grosses larmes coulaient de ses yeux. La reine Hortense, debout derrière elle, sanglotait.

La lecture achevée, Joséphine essuya ses yeux, prononça d'une voix ferme les courtes paroles d'adhésion formulée à l'avance, et signa. Sur un signe de Napoléon, le prince Eugène s'élança vers sa mère, mais les forces lui manquèrent; et Joséphine se retira, appuyée sur le bras de la reine Hortense.

A l'heure même où cette triste solennité s'accomplissait, un orage épouvantable éclatait sur Paris. On était au 9 janvier 1810, et ce phénomène ne manqua pas d'être observé et commenté par les classes populaires : « Dieu lui-même, disait-on, a voulu manifester sa réprobation à ce divorce. »

Le lendemain, Joséphine quitta les Tuileries pour aller habiter la Malmaison. Sur toute sa route elle fut accueillie par les manifestations les plus touchantes de regret et de respect.

Ainsi que nous l'avons dit, de vagues inquiétudes, de tristes rumeurs accueillirent cette séparation, et l'impératrice déchue put apprendre, dans sa retraite de la Malmaison, que toute la France avait pris le deuil avec elle; mais ce fut bien pis lorsqu'on sut qu'une princesse d'Autriche allait monter sur le trône. Les souvenirs de la dernière alliance royale se tournaient en pressentiments funèbres contre la nouvelle et la faisaient considérer comme fatale.

Quoi qu'il en soit, le but de Napoléon était atteint. Le prince de Wagram alla épouser à Vienne par procuration l'archiduchesse Marie-Louise, et l'Empereur impatient courut à sa rencontre au delà de Compiégne. Le 1er avril 1810 cette union extraordinaire fut solennellement consacrée. Par là, Napoléon conquérait pour lui et pour sa race l'égalité avec toutes les têtes couronnées; il croyait détrôner ainsi l'ombre des Bourbons. Des fêtes magnifiques, des réjouissances incomparables signalèrent les cérémonies du mariage; les rois, les princes, les ambassadeurs accoururent de toute l'Europe; mais à cette époque même un accident malheureux rappela celui qui avait attristé les fêtes du mariage de Louis XVI et vint planer sur cette alliance comme un sinistre présage: un incendie éclata chez l'ambassadeur d'Autriche. Napoléon et l'Impératrice n'échappèrent pas sans danger aux flammes et un grand nombre de personnes périrent sous les décombres. En outre, les treize cardinaux présents à Paris et dont les places avaient été préparées à la cérémonie religieuse refusèrent de s'y rendre, l'Empereur se trouvant frappé d'excomunication. Partout le maître des rois retrouvait cette opposition papale, la seule qu'il pût rencontrer. Deux fois il envoya des négociations à Pie VII, prisonnier à Savone, mais deux fois le Pontife se refusa à répondre. « Je ne suis dit-il qu'un prêtre, sans force et sans puissance. A Rome, à Rome seulement, je pourrai prendre une résolution ! » On eut beau insister, il fut inébranlable, et la prise de possession des états de l'Église continua.

Cependant des travaux gigantesques sont exécutés dans l'Empire français. Le canal de Saint-Quentin est achevé, des communications sont ouvertes entre les fleuves et les mers du Nord, du Centre et du Midi, sept mille ouvriers n'ont pas cessé de travailler au canal du Nord, et près de huit lieues de cette voie nouvelle, ouverte au Rhin et à la Meuse, sont exécutées. Deux millions ont été dépensés pour le canal Napoléon, qui doit unir le Rhône au Rhin, et qui est déjà navigable de Dôle à Dijon. Les travaux maritimes n'ont pas fait moins de progrès. Ceux de Cherbourg offrent à l'œil étonné le spectacle d'un port immense établi dans le roc ; le port de Cette, plus profondement creusé, peut désormais donner asile à des vaisseaux de haut bord ; celui de Marseille a été amélioré. La métropole a construit les ponts de Sèvres, de Charenton, de Choisy, d'Iéna, les quais du Louvre, des Invalides, les greniers d'abondance, les abattoirs, l'entrepôt des vins, la Bourse ; etc., etc. Tous ces travaux se sont élevés sans nouveaux impôts et avec des armées trois fois plus nombreuses que la France en ait jamais eues

A part la guerre d'Espagne, qui avait blessé la pensée publique, à part la guerre maritime qu'on s'était habitué à regarder comme un mal endémique, on pouvait considérer à cette époque que le monde était en paix. Cette paix-là ne devait pas durer longtemps.

Des complications malheureuses vinrent renverser les espérances de tranquillité que la France avait conçues, et la replonger dans une suite de luttes et de batailles qui ne devaient se terminer que par la chute de Napoléon.

Dans sa famille même, l'officier d'artillerie devenu empereur et qui avait donné des couronnes à ses frères trouvait une opposition constante à ses volontés et à ses projets. Dans la Hollande,

Bernadotte.

le roi Louis résistait au blocus continental, contraire aux intérêts de ses sujets, et abdiquait en faveur de son fils. Joseph, devenu roi d'Espagne malgré lui, offrait sa démission, que le maître n'acceptait pas. Enfin Murat, le plus vain et le plus ambitieux de tous, élevé sur le trône de Naples, fatiguait son beau-frère de ses réclamations. «En vérité, disait un jour Napoléon, obsédé par toutes ces criailleries, on dirait que je les ai frustrés de l'héritage de mon père. »

Napoléon déclara que la Hollande était une alluvion des fleuves français et la réunit à l'Empire.

Au même moment une partie du Tyrol, le Valais, Hambourg, les villes hanséatiques, le pays entre l'Elbe et le Ueser, étaient incorporés à la France.

Il n'y avait plus de limites aux extensions du territoire. A ces nouvelles, le seul cabinet qui fût resté indépendant en Europe, le cabinet de Saint-Pétersbourg, réclama contre les agrandissements incessants de notre empire, contre l'avénement d'un soldat français, Bernadotte, au trône de Suède. Cette protestation de la Russie s'élevant le 1er janvier 1811, au milieu du calme profond du continent, annonçait le jour prochain où ces trois colosses, la France, la Russie et l'Angleterre allaient se jeter dans une lutte gigantesque.

Napoléon l'a senti. Le 10 mars, des conscriptions demandées au sénat attestent qu'il s'attend aux coups qui vont le frapper.

C'est au milieu de ces présages menaçants qu'un événement désiré vient combler les vœux du souverain et retentir au cœur de la France. Un fils vient d'être donné à Napoléon, un héritier à l'Empire. Cet enfant naît le 20 mars 1811, et sa naissance fait craindre un instant pour les jours de l'impératrice. Dubois, premier chirurgien perd la tête en face du danger qui menace Marie-Louise. « Dubois, dit l'Empereur, conduisez-vous avec l'Impératrice, comme s'il s'agissait d'une bourgeoise de la rue Saint-Denis ;.. et d'abord sauvez la mère. »

La mère fut sauvée et l'enfant vécut : si ce fut une existence que la captivité qui commença avec ses premiers ans. Il reçut le titre de *roi de Rome*. C'était consacrer, dans l'événement le plus heureux pour une dynastie, une spoliation et une faute.

Au milieu de la joie tumultueuse de la cour et de la ville, Napoléon reçut de Joséphine, qu'on avait oubliée, une lettre touchante, dont nous extrayons quelques passages :

« Il m'eût été doux d'apprendre la naissance du roi de Rome, par vous, Sire, disait l'ex-impératrice, et non par le bruit du canon d'Evreux ; mais je sais qu'avant tout Votre Majesté se devait aux grands corps de l'État, à sa famille, et surtout à l'heureuse princesse qui vient de réaliser ses plus chères espérances : elle ne peut vous être plus tendrement dévouée que moi ; elle a pu davantage pour votre bonheur en assurant celui de la France....... Eugène et Hortense m'écriront pour me faire part de leur joie ; mais c'est de vous, Sire, que je veux savoir si votre enfant est fort, s'il vous ressemble, s'il me sera permis un jour de l'embrasser »........

Napoléon répondit sur-le-champ à Joséphine. Voici sa lettre, remarquable de simplicité et de laconisme :

« Ma bonne amie, je reçois ta lettre ; je te remercie. Mon fils est gros et bien portant. J'espère qu'il viendra à bien. Il a ma poitrine, ma bouche et mes yeux. Tu le verras. Je suis toujours très content d'Eugène. Adieu, je t'embrasse de tout mon cœur.

Aux Tuileries, 22 mars 1811.

NAPOLÉON

Mais, pendant que Napoléon s'abandonnait à l'ivresse d'une paternité qui comblait ses vœux, les plus graves avertissements se multipliaient autour de lui.

En Espagne, l'armée française avait connu des revers ; Masséna, celui qu'on avait appelé l'enfant chéri de la victoire, malheureux pour la première fois, avait perdu le Portugal. Les cortès de la monarchie espagnole, rassemblées sur le rocher de Cadix, bravaient la puissance du maître de l'Europe, et dressaient là, malgré lui, une tribune sur le continent, appelant aux armes tous les peuples, et opposant, pour la première fois depuis l'Empire, la force des idées à la force des armes. C'était au nom de la liberté et de l'indépendance que le patriotisme retranché derrière les murs de Saragosse devait supporter huit mois d'attaque, et se défendre de rue en rue, de maison en maison; c'était au nom de la liberté et de l'indépendance que tous avaient pris les armes, hommes, femmes, enfants, prêtres, et s'étaient ensevelis mourants sous les ruines fumantes de leur ville. C'était encore au nom de la liberté, ce nom qui semble oublié depuis l'Empire, que l'Amérique inaugurait, sur tous les points de son sol, des républiques, alors que Napoléon s'efforçait d'établir la monarchie universelle. C'était enfin au nom de la religion, et de son inviolabilité et de son chef, qu'un concile national de cent évêques, rassemblé au cœur même de la France pour décider sur les différends existant entre le Souverain-Pontife et l'Empereur, avait refusé de consentir à sanctionner la spoliation du domaine de Saint-Pierre, et appris au conquérant à quelle puissance patiente et insurmontable il s'était attaqué.

Le système continental manquait partout aux vues de son auteur : l'intérêt, l'habitude, le génie des peuples, étaient plus forts que les décrets. Déjà la Russie en secouait hautement le joug. Napoléon voyait son système périr. Il eût pu songer sans doute à en essayer un autre; il ne le voulut pas. Il préféra lutter ; au lieu de lâcher les ressorts déjà trop tendus, il les tendit encore : on saisissait les marchandises anglaises; il donna désormais l'ordre de les brûler.

D'un autre côté, les sociétés secrètes se multipliaient, encouragées par les cours et les cabinets ennemis. La Suisse en était le foyer le plus actif ; on excitait la jeunesse au nom de la patrie. La royauté étrangère invoquait la révolution contre Napoléon. L'exemple de Stabs fut imité. Un jeune enthousiaste accourut à Paris pour accomplir le régicide qu'il avait prémédité. Il était Saxon, se nommait Dominique de la Salha et tenait par sa naissance aux première familles de Saxe et de Prusse. Il avait dix-huit ans. Surveillé par la police, il fut arrêté, montra la plus grande fierté dans son interrogatoire, parlant de son projet comme d'un acte louable et méritoire. On lui offrit de lui rendre la liberté, s'il voulait engager sa parole d'honneur de renoncer à toute tentative contre la vie de Napoléon. Après vingt-quatre heures de réflexions, il refusa de donner cette parole, disant qu'au contraire s'il était libre, son devoir le porterait à accomplir son projet. Cependant l'Empereur ne voulut pas qu'un jugement public mît au grand jour la tentative d'un jeune insensé. La Salha fut enfermé à Vincennes, d'où il ne sortit qu'en 1814.

C'est au milieu de ce mouvement des esprits, de ce courant des événements, de ces luttes et de ces résistances, que Napoléon se prépare à ce duel gigantesque, et qui, selon l'expression d'un historien, « doit rester, après ceux de César et de Pompée, d'Auguste et d'Antoine, le plus grand de l'histoire; car celui-là en réalité embrasse le monde. »

Tout l'engage à hésiter et à retarder son entreprise. Il semble au contraire qu'une fatalité invincible le pousse vers ce grand coup de dé qui doit fixer ses destinées : la guerre de Russie va s'ouvrir !

CHAPITRE VIII

L'EMPIRE (3me PÉRIODE)

LE SOLEIL COUCHANT — 1812-1814

Bien que la guerre n'eût pas été déclarée, dès la fin de 1811 d'immenses préparatifs firent pressentir la lutte solennelle qui allait s'ouvrir. Un sénatus-consulte enrégimenta l'Empire. Un premier ban, un second ban, un arrière-ban, mirent à la disposition de l'Empereur tous les hommes valides du royaume ; les jeunes gens des conscriptions passées qui avaient échappé aux levées précédentes, formèrent cent cohortes et complétèrent ainsi une moisson d'hommes inouïe dans les fastes militaires. La France avait, malgré le sang versé dans les années précédentes, la plus formidable et la plus magnifique armée qu'on pût voir. Napoléon en détache six corps puissants, pour sauver les apparences, de sa fortune en Espagne ; cent cinquante mille hommes défendront le littoral de l'Empire, cinquante mille surveilleront la Prusse et le nord de l'Allemagne, et il restera encore cinq cent mille combattants, les plus belles troupes de l'univers.

Avec ces forces, Napoléon va marcher droit au cœur de l'empire moscovite ; sa pensée va peut-être plus loin encore. Il la réitèrera à Moscow, au milieu de l'incendie du Kremlin ; et il montrera du doigt Constantinople. . . . Mais suivons les événements.

Le 9 mai 1812, l'Empereur et l'Impératrice quittèrent la capitale pour se rendre à Dresde.

Là s'ouvrit, selon l'expression d'un historien, cour plénière de rois ; Napoléon avait à Dresde une clientelle de têtes couronnées. Si près de sa chute, il paraissait au plus haut période de sa puissance. Un mois se passa ainsi en fêtes, en galas ; puis un jour, ennuyé de ce bruit sans éclats et sans tonnerres, Napoléon fit un signe aux cinq cent mille hommes qui attendaient ses ordres, et s'élança à leur tête vers cette Russie, « entraînée, disait-il, par la fatalité et dont les destins allaient s'accomplir. »

Il se trompait; c'est vers les siens qu'il courait en passant le Niémen.

La saison était déjà avancée, on touchait au 23 juin. N'importe! une seule grande bataille, et Napoléon compte comme toujours devenir maître des évènements. Mais cette fois il s'est trompé, il n'y a pas de bataille à livrer, il n'y a même pas d'ennemis. Il avance de poste en poste, l'armée marche d'étape en étape, jusqu'à Vilna; partout les lignes russes se sont repliées. Qu'on ne l'oublie pas, ce sont cinq cent mille hommes qui s'avancent ainsi, ce sont cinq cent mille hommes qu'il faut nourrir, et retenir dans les liens de la discipline, malgré les fatigues et les privations. Aussi le général hésite pour la première fois; il s'arrête, il s'arrête dix-sept jours; dix-sept jours c'est l'hiver, c'est le désastre de la retraite de Russie. La Pologne vient à lui, l'épée à la main et lui demande de prononcer ces seuls mots : « Que la Pologne existe ! » et elle se dévoue.

On a reproché à Napoléon de n'avoir pas

prononcé ce mot désiré. Mais l'Empereur, depuis longtemps voulait bien reconstituer la Pologne en royaume indépendant ; seulement il exigeait, et son honneur l'y obligeait, que la Pologne adoptât les codes français, qui donnaient aux serfs la liberté. Les quatre-vingt mille familles nobles qui possédaient la Pologne ne voulurent pas faire ce sacrifice. Elles vont expier longuement.

Après tous ces retards, l'armée se remet en marche. Le 16 juillet, elle est aux bords du Borysthène. Son aile gauche occupe quatre-vingts lieues jusqu'à Riga, l'aile droite s'étend jusqu'à la Hongrie; le contingent prussien forme l'une des extrémités, l'Autriche est à l'autre. On pourrait s'arrêter là, couvert par les deux grands fleuves, la Dwina et le Borysthène, couvert aussi par la Pologne. Mais Smolensk est là-bas, Smolensk la clé de la Russie centrale ;- on marche sur Smolensk. Là enfin on trouve l'ennemi ; mais ce ne sont encore que des combats acharnés, pas de bataille décisive; l'armée russe se replie sans cesse, laissant derrière elle la flamme; en vain on la poursuit à Wolonsino, elle échappe à Junot;

et Napoléon, qui veut la joindre, la poursuit sans relâche jusque sous les murs de la vieille capitale de l'empire russe, où il l'atteint. Là fut livrée la bataille de la Moskowa ; bataille terrible, où vingt mille Français perdirent la vie. Trente mille Russes et quarante de leurs généraux restèrent aussi sur le champ de bataille.

Le jour même, un courrier apportait à Napoléon la nouvelle de la perte de l'Espagne. Madrid avait été abandonnée après le désastre de Salamanque : mais enfin Moscou était devant lui ; Moscou la sainte, Moscou la dernière capitale de l'Europe, Moscou qui assure à son armée le repos, Moscou la porte de l'Orient, dont les coupoles dorées apparaissent le 14 septembre, du haut du *Mont du Salut,* aux yeux de Napoléon et de l'armée. Un long cri de joie et d'orgueil témoigne que les mille lieues qu'on vient de faire, les privations qu'on vient de subir, et les trente mille victimes laissées en route sont oubliées.

« Soldats, vous direz : J'étais de cette grande bataille sous les murs de Moscou. » — Pas un soldat n'a oublié cette phrase de l'Empereur, qui a précédé le premier coup de canon.

Voilà donc Moscou ! Cependant la ville reste calme, muette, morne comme une sépulture. On y pénètre ; la ville est déserte ; les bandits et les forçats, que le gouverneur a lâchés en se retirant sur cette grande proie, sont les seuls qui puissent la disputer à nos soldats. L'Empereur s'installe au Kremlin, silencieux et pensif, pendant que l'armée bivouaque dans les palais. Mais tout à coup, aux premières heures de la nuit, une lueur immense enveloppe la ville ; Moscou a été condamnée par les Russes ; ils ont renoncé à vaincre sur les champs de bataille ; mais ils n'ont pas renoncé à combattre avec les armes du sacrifice et du désespoir. La défense de la Russie sera la défense des barbares : le feu va anéantir les ressources que cette armée immense croyait trouver sur sa route. Le climat fera le reste.

L'Empereur quitte le Kremlin le dernier, sous une voûte de flammes ; c'est au milieu des flammes qu'il donne l'ordre de détacher la croix du grand Ivan, pour la transporter au dôme des Invalides. Au milieu des flammes il mesure la grandeur du coup qui lui est porté ; il rassemble

ses lieutenants ; il leur montre du doigt Saint-Pétersbourg, et ses lieutenants répondent : Impossible ! Ils demandent la retraite, ils demandent Paris, Paris où sont leurs hôtels, la France où sont leurs terres presque royales, leurs voitures à six chevaux, où sont aussi, — disons-le pour les excuser, — les duchesses qui sont devenues leurs femmes et les enfants qui doivent continuer leur noblesse.

Déjà on ose conseiller ; bientôt on résistera.

Napoléon attend d'Alexandre des propositions de paix. Mais rien ne vient, et pour la première fois il en adresse, et attend encore. Cette attente c'est la ruine de l'armée. Le 13 octobre, les premières neiges ont paru, l'hiver de la Russie a commencé : et avec lui la retraite.

Napoléon jette un regard derrière lui. Dans cette ville du Czar qu'il quitte pour reculer, il laisse, il ne l'ignore pas, son prestige. L'étoile qu'il portait au front est tombée. D'ailleurs les nouvelles qu'on reçoit de Paris sont d'un funeste augure. Au seul bruit de sa mort, mensongèrement répandu dans la capitale, un général prisonnier a pu rompre ses fers et s'emparer un moment de la force publique. Des fautes puériles ont seules fait avorter cette tentative insensée, que Mallet a payée de sa vie.

Cependant l'armée opère sa désastreuse retraite ; et la gloire marche avec elle-même dans ses revers. Elle sème derrière elle les morts et les mourants ; quinze jours après le départ de Moscou, l'armée est réduite à cent mille hommes ; bientôt on pourra compter les hommes qui restent des régiments anéantis. Enfin on arrive à Vilna ; vingt mille soldats ont péri entre Smolensk et cette ville ; les quatre-vingt mille hommes qui survivent n'auront pas à lutter seulement contre le climat ; les armées russes se sont rapprochées, elles pressent le double flanc de la colonne française, rompent ses lignes et lui disputent ses dernières ressources. Il n'y a plus de subsistances, car les ordres de l'Empereur n'ont pas été exécutés ; il faut marcher encore, marcher en avant si l'on ne veut mourir de faim. Ney, Mortier, Davoust, Victor, Eugène, couvrent de leurs corps et de leurs épées cette retraite fatale. Napoléon, un bâton à la main, marche à la tête des soldats, comme le dernier d'entre

eux, plus grand dans ce désastre qu'il eût jamais été dans la victoire. L'Empereur a disparu; mais le général, le chef de l'armée est resté. Avec neuf mille combattants, il perce une armée de quatre-vingt mille hommes qui le pressent; mais Ney, mais Eugène, mais Davoust, sont restés en arrière; il met l'épée à la main, il va reprendre à l'ennemi ses soldats et ses lieutenants captifs. « On a encore une fois vaincu, s'écrie un biographe de l'Empereur, et dans quel moment, parmi quels périls, pour quel généreux dessein ! Charles XII à Bender est insensé. A Crasnoï, Napoléon est sublime. Il y a les différences de l'aventurier au héros. De ces deux hommes, c'est Napoléon qui, tout en redevenant général et soldat, se comporte en roi. C'est la plus belle page de sa vie. »

C'est ici que le cœur se serre et que le courage manque pour écrire jusqu'au bout l'histoire de ces malheurs et de cet héroïsme qui luttent entre eux jusqu'au dernier moment. La Bérésina est là, devant cette petite troupe décimée, écrasée, annulée, qui serait une division de l'armée d'Italie; et, campées aux bords même du fleuve qu'il faut traverser, deux armées russes gardent le passage. Napoléon se sent perdu. Le sort de Charles XII lui apparaît. Il se fait apporter les débris de ces aigles victorieuses qui ont parcouru avec lui l'Europe et le monde; il les brûle au milieu de ses soldats. Quant à eux, quant à lui leur empereur, ils passeront ou ils mourront; qu'on ne lui propose pas de fuir, son destin est là avec la grande armée, il reste près d'elle. Il pousse droit à la Bérésina, il mesure son cours; et alors, comme si le ciel était d'accord avec la nature, avec l'ennemi, le dégel arrive, le fleuve charrie ses glaces rompues; il faut jeter des ponts sous le feu de toute une armée.

Cette armée, Napoléon la trompe; — il fait des ponts sous ses yeux, lui livre bataille; puis les Français passent pendant trois jours sur ces ponts qui se brisent, et que quarante mille blessés ou mourants se disputent, jusqu'à ce que le salut de l'armée ordonne qu'ils soient rompus.

Tout ce qui est demeuré de l'autre côté du fleuve mourra de misère, ou tombera aux mains des Russes; mais le reste a passé la Bérésina : il reviendra des braves de Moscou.

Cinq jours après, le 5 décembre, l'Empereur se jette dans un traîneau, et traverse, inconnu, presque seul, à travers mille dangers, la Pologne, la Prusse et l'Allemagne. Il rentre dans le palais des Tuileries, où personne ne l'attendait, deux mois jour pour jour après avoir quitté Moscou et le Kremlin, quarante-huit heures après l'apparition du 29e bulletin de la campagne de Russie, qui, rompant un silence de trois semaines, venait d'apprendre à la France que la grande armée n'était plus, et que chaque famille était frappée dans un fils, dans un frère, dans un époux. Des murmures publics, des accusations injustes répondent à ce bulletin; Napoléon ne s'en préoccupe pas; il s'efforce de relever la fortune de ses armes, de faire sortir de terre des armées, d'exalter les passions généreuses qui sauvent les nations à l'heure du péril, et de sauver l'avenir. Il règle par un sénatus-consulte la constitution de la régence, va passer trois jours à Fontainebleau pour ramener à lui le Souverain-Pontife, son prisonnier, et le décide à terminer tous les différends dans un nouveau concordat. Il refait une armée, ce qui paraissait impossible; il s'adresse à l'honneur français, et l'honneur français lui répond par des légions que lui offrent de toutes parts les villes, les départements, les citoyens opulents. En deux mois, des contingents nouveaux sont levés, instruits et mis en marche sur l'Elbe.

Pendant ce temps, la retraite de Russie s'est accomplie jusqu'au bout : mais à quel prix ! Les débris de la grande armée ont regagné Vilna par vingt-huit degrés de froid. Murat, inquiet de sauver sa couronne, a abandonné le poste que l'Empereur lui avait confié ; enfin, après cinq mois, les vétérans de la retraite étaient rentrés en France, laissant quatre cent cinquante mille hommes dans les neiges et sur les champs de bataille, mais pas une victoire à l'ennemi. Les éléments seuls avaient vaincu la grande armée.

Mais l'Europe entière se lève contre Napoléon. L'Espagne est toujours en armes; la Suisse a jeté le masque et tourne son épée contre son allié ; Alexandre convie tous les peuples à secouer le joug de la France ; c'est au nom de la liberté que la guerre sera continuée. Cent quatre-vingt mille soldats sont encore demandés au sénat qui les donne; l'avenir même est dévoré, la fleur de la jeunesse de l'Empire part avec le nom de gardes d'honneur; dix mille jeunes gens des meilleures familles s'incorporent ainsi et s'équipent à leurs frais.

La régence remise à l'impératrice Marie-Louise, Napoléon est à la tête de son armée. Le deux mai, éclate le coup de tonnerre de Lutzen, qui chasse Alexandre et Frédéric-Guillaume de Dresde; à vingt jours de là, il gagne une autre bataille, et fait une grande perte à Bautzen, où Duroc est frappé à mort. Bessières avait été tué quelques jours avant à Lutzen : « Si chaque bataille devait me coûter un homme comme Bessières ou Duroc, dit Napoléon, j'aimerais mieux ne jamais vaincre ! »

Quoi qu'il en soit, les chemins de la Silésie et de l'Oder sont rouverts aux aigles françaises; la Saxe est surveillée et contenue. Les recrues sont devenues en une campagne les premiers soldats du monde, et l'Autriche, qui avait d'abord repoussé les propositions de Napoléon, accepte un armistice qui est conclu le 4 juin 1813.

Il veut la paix ; il peut la vouloir encore, car à Prague, il est vainqueur. Il est maître du cours de l'Oder, Rapp tient Dantzick, et Poniatowski lui ramène la belle armée de Cracovie. Il peut traiter du haut du pavois que lui dresse la victoire ; un peu plus tard il ne le pourra plus. Peut-être l'Autriche a-t-elle senti que là est le côté vulnérable de Napoléon, et qu'elle a intérêt à traîner la guerre en longueur, parce qu'à la longue la France se fatiguera de la guerre. Ce qu'il y a de certain, c'est que le congrès de Prague, qui a pour but de réaliser la convention de Dresde et d'amener une paix durable, n'amena aucun résultat et que l'armistice fut rompu le 10 août. Les propositions faites par le congrès seulement le 9 août, quarante-huit heures avant l'expiration de l'armistice, ne pouvaient être acceptées par le vainqueur de Lutzen et de Bautzen ; elles renversaient les postes avancés de l'Empire et le livraient à tous les hasards d'une invasion. Et puis, les préparatifs faits par l'Autriche, la brusque rupture des négociations, enfin la joie qui éclate dans l'armée ennemie, alors qu'on se hâte d'annoncer la reprise des hostilités, tout semble indiquer en cette circonstance un parti bien arrêté de recommencer la guerre. L'empereur François renouvellera le sacrifice antique; il immolera sa fille aux calculs de la politique.

D'ailleurs, ainsi que nous l'avons déjà fait pressentir, la situation a complètement changé pour Napoléon. Il ne s'agit plus d'un mouvement patriotique et d'une marche en avant contre les ennemis de la France; ce n'est plus la Marseillaise qui entraîne les soldats de la république, c'est une armée fanatisée qui suit un homme, mais qui laisse derrière elle les mères éplorées, les pères irrités, les familles veuves de leurs membres les plus chers; le royalisme fermente à l'orient et au midi; et, au milieu de tous ces mécontentements et de tous ces symptômes d'agitation, l'Espagne se délivre elle-même, et les soldats anglais se montrent au sommet des Pyrénées, après la bataille de Vittoria. Les maréchaux que Napoléon avait faits commençaient à désirer le repos, et Bernadotte, à qui il avait donné une couronne, s'unissait contre lui avec l'Europe, pendant que Moreau revenait d'Amérique pour le combattre. On eût dit que tout ce que Bonaparte avait écrasé dans sa marche triomphante se relevait pour le terrasser à son tour.

Bernadotte a tracé le plan que les alliés doivent suivre; Moreau va l'exécuter : refuser les grandes batailles et surtout les refuser à Napoléon, s'attaquer à ses lieutenants avec des forces supérieures, non pour les vaincre, mais pour les épuiser, détruire et non battre : tel est le système qu'un Français a inventé contre la France et qu'un autre Français est chargé de mettre en pratique !

La campagne s'ouvre le 15 août. C'est le jour de la fête de l'Empereur. Les armées autrichiennes, prussiennes et russes, sont réunies; elles comptent six cent mille hommes; nos bataillons forment un peu plus de trois cent cinquante mille. Napoléon court d'abord à Blucher; Blucher lui échappe, se retire et l'entraîne; Dresde reste découvert; encore un peu et l'armée autrichienne y entrera; mais Napoléon s'élance, il a retrouvé son vol d'aigle : les em-

Moreau, sur son lit de mort.

pereurs combattent malgré eux ; c'est une seconde bataille d'Austerlitz, et comme à Austerlitz la victoire reste aux armes françaises, malgré l'infériorité du nombre. Et, sur ce champ de bataille de Dresde, la Providence permet qu'un châtiment éclatant frappe le fils qui trahit sa mère. Moreau est tué aux côtés du Czar, à sa première apparition devant nos bataillons, par une batterie de la garde impériale dont l'Empereur lui-même a dirigé le feu.

Mais les instructions de Moreau devaient lui survivre; Napoléon devait se briser contre ce plan destructeur qui amenait chaque jour dix combats et pas une bataille : le prince d'Eckmulh maintenant et battant les alliés sous Hambourg, Eugène couvrant l'Italie, Napoléon défendant la Saxe ; lutte opiniâtre et incessante d'une seule armée contre trois armées, lutte du génie contre le nombre et contre les défections ! Car la défection commence ; l'Allemagne se venge de sa longue sujétion ; la Bavière passe à la coalition, et avec la Bavière et sa belle armée, le Wurtemberg, Bade et tous les petits États. Le Rhin et ses abords sont livrés ; il faut courir sur Leipsick et y lutter contre un triumvirat de rois. Pendant sept heures, le centre et la droite de l'armée française, c'est-à-dire quatre-vingt-quinze mille hommes en repoussent cent soixante-dix mille, lorsque tout à coup l'armée saxonne passe traîtreusement à l'ennemi et tourne contre ses héroïques alliés soixante pièces de canon, vingt-six bataillons et dix escadrons. Napoléon accourt en personne au secours de l'aile gauche, et avec une division de sa garde et les grenadiers à cheval il oppose une barrière de fer aux Saxons et aux Suédois.

La bataille de Leipsick, gagnée sur la droite et au centre, fut donc perdue sur la gauche. L'armée n'avait plus de munitions ; il fallut battre en retraite sur Erfurt.

La retraite fut en effet ordonnée; elle s'opère au milieu d'ennemis deux fois plus nombreux, au milieu de marais impraticables, sur un long défilé traversé par plusieurs ponts que l'ennemi n'a pas occupés ; mais tout à coup une mine qu'on avait disposée sous le plus large des ponts de l'Elster éclate prématurément; la moitié de l'armée est encore sur l'autre rive ; l'arrière-garde n'a plus de retraite, elle reste prisonnière; et avec elle tous les bagages et deux cents pièces d'artillerie. Le malheureux prince Poniatowski, un noble allié, un vaillant soldat, blessé à une brillante charge qu'il venait de faire, trouve la mort en s'élançant dans le fleuve avec son cheval, à la tête des lanciers polonais.

Réduite à quatre-vingt-dix mille hommes, l'armée française continue sa retraite; elle ne s'arrête qu'à Hanau, pour défaire et écraser l'armée bavaroise, qui vient lui barrer le passage après l'avoir trahie. Elle repasse le Rhin le 2 novembre; sa marche est bien longue, bien cruelle, les soldats ne vivant que de maraude, les conscrits expirant de faim et de fatigue. Il ne manque que le froid pour la rendre en tout semblable à celle de l'année précédente.

Le 18 novembre, des propositions sont adressées de Francfort à Napoléon. Mais presque au même moment une déclaration, datée de Francfort même, met l'Empereur des Français au ban des nations : Gouvion Saint-Cyr, laissé dans Dresde avec 30,000 homme, a dû capituler, pour sauver son armée, que Schwartzemberg fait prisonnière contre le droit des gens. Les propositions de Francfort sont encore un piége, car l'étranger en armes se montre déjà sur les rives du Rhin et brûle de le passer.

Dès ce moment, toute l'Europe est prête à se lever contre Napoléon.

Aux insurrections des villes se joignent les lâchetés et les trahisons. Murat trafique de son pays au profit de sa couronne ; la Suisse livre son territoire aux bataillons ennemis ; à mesure que la puissance impériale semble décroître, les partis viennent joindre l'agitation de l'opinion à celle des nationalités, les idées de liberté s'éveillent en même temps que les souvenirs dynastiques ; l'attaque est partout, elle va même se produire avec éclat au sein des grands pouvoirs de l'État ; le corps législatif réuni s'enhardit par l'affaiblissement du pouvoir ; dans une adresse à l'Empereur, il demande pour la première fois des *garanties politiques*. A cette déclaration, bien faite pour l'étonner, Napoléon répond en brisant le corps législatif. « Est-ce le moment, s'écrie-t-il, de venir disputer sur les libertés et de parler de garanties, alors qu'il s'agit de l'indépendance nationale. Si vous vouliez des garanties politiques, il fallait en demander il y a dix ans. Ce n'est pas le moment de faire des remontrances, alors que 200,000 cosaques nous menacent. »

En attendant 300,000 hommes sont de nouveau demandés au pays ; ils se lèvent en même temps que deux grands actes de raison et de justice qui, — décidés plus tôt, — eussent pu profiter, semblent signaler une politique nouvelle. L'Empereur lui-même reconnaît une double défaite, en donnant satisfaction à l'opinion. — Il rompt les liens du Saint-Père, qui s'éloigne de Fontainebleau pour retourner à Rome. — Il déclare libre Ferdinand et le proclame roi d'Espagne ; — à ce peuple qui a versé pour une couronne et une constitution le plus pur de son sang, il donne enfin le prince et la constitution qu'il demandait.

On dirait qu'il fléchit déjà sous la destinée, et qu'il veut ramener à lui cette France qui s'inquiète.

Hélas, il est trop tard. Le 1er janvier 1814, les armées coalisées ont passé le Rhin, ont traversé la Suisse, et se sont élancées, avec une joie furieuse, vers cette grande proie qu'ils convoitent et sur laquelle ils ont à se venger de vingt ans de défaites et d'humiliations. La France est envahie, envahie par huit cent mille hommes. Ils touchent le sol sacré de la patrie. Ils s'avancent; mais voyez-les; ils ne marchent qu'en tremblant; on dirait qu'ils craignent de trouver un abîme ouvert sous leurs pieds; ils y trouveront du moins les effort du patriotisme Si Bernadotte, si Murat, Langeron, Saint-Priest et les autres successeurs de Moreau, si le chef de la maison de Bourbon, n'eussent pas pesé de leur influence, de leur nom et de leur diplomatie, ainsi que de l'appui de leurs amis, sur les destinées du pays, peut être fût-il sorti régénéré et glorieux de cette nouvelle lutte contre l'Europe, et le sol français, devenu un immense champ de bataille, fût devenu la tombe de tous les soldats de la coalition !

Mais il devait en être autrement. La campagne de France allait commencer, cette campagne de France, long et impuissant prodige de stratégie, dans laquelle Napoléon arrêta pendant trois mois, avec un armée de quarante à cinquante mille soldats, des armées entières, les étonnant par la rapidité de sa marche, et les épuisant presque par la défaite, sans s'épuiser lui-même par la fatigue et la victoire ; campagne de soixante-dix jours et de trente combats, renouvelant la tactique et les admirables résultats de la campagne d'Italie.

Le vingt-deux janvier, Napoléon, après avoir confié la régence de l'Empire à l'Impératrice Marie-Louise, à Joseph le commandement de Paris, et le roi de Rome, son fils, à la garde nationale, quittait les Tuileries et s'élançait vers les champs de bataille de la Champagne. Ce que j'ai de plus cher au monde, après la France, dit-il aux officiers de la nouvelle garde nationale, je le remets entre vos mains....

Le même jour, le Pape Pie VII quittait le palais de Fontainebleau et s'acheminait vers le Vatican.

De tous les royaumes que le premier de ces deux hommes avait donnés, quel était à cette heure celui dont la possession ne fût pas mise en question? de tous les trônes qu'il avait improvisés ou appuyés, quel était celui qui ne tremblât pas sur sa base? Un seul trône se relevait, au moment même où tous les autres semblaient prêts à s'écrouler : c'était le trône de Saint-Pierre; et, comme nous le disions dans un précédent chapitre, la croix du sacre devait bientôt rester seule debout, de ces empires et de ces couronnes qu'on avait pu croire un instant fermes comme elle.

CHAPITRE IX

—

EMPIRE (4me PÉRIODE)

LA FIN — L'INVASION — CAMPAGNE DE FRANCE — 1814

L'Europe entière s'avançait contre nous. Pour la première fois depuis l'origine de notre histoire, un million de soldats, — en comptant les armées actives et les réserves, envahissent la France : Anglais, Espagnols, Portugais avec Vellington aux Pyrénées ; Autrichiens, Illyriens, Italiens aux Alpes ; Hollandais, Suédois, Russes et Prussiens au nord ; tandis que les deux armées de Bohème et de Silésie, conduites par Schwartzemberg et Blucher, recrutées des soldats de toutes les puissances alliées, débouchent, sur la haute Meuse, au pied des Vosges, et s'apprêtent à couvrir la Champagne.

Jamais la position du général Bonaparte, aux heures les plus graves de sa vie, n'a été aussi critique qu'à cette heure. Pourtant Napoléon ne s'effraie pas ; selon l'expression d'un des annalistes de l'époque impériale, son œil a toisé le géant. Réduit à se battre un contre cinq, il a pour lui son génie et l'épée qui a conquis l'Italie. Ni l'un ni l'autre ne lui fera défaut ; jamais il n'aura été plus grand que dans cette campagne ; toute la force, toute l'énergie de ses plus jeunes et de ses plus belles années de gloire, il va les retrouver en face de la coalition.

Il a reconnu les parties faibles de ses ennemis ; ce n'est que successivement que les colonnes étrangères peuvent arriver sur le théatre des événements. Soult et Suchet arrêteront Vellington au midi, Eugène défendra les Alpes; au nord, les canaux, les rivières et les fleuves sont de puissants auxiliaires qui peuvent suppléer au nombre et qui permettront à Maison de gagner du temps. Paris, but de tous les efforts des alliés, n'a donc rien à craindre de ces trois côtés : il n'est menacé sérieusement que par les deux armées de Bohême et de Silésie ; là est le péril véritable ; c'est là que Napoléon va se porter de sa personne.

Son plan est trouvé.

L'armée ennemie est cinq fois plus nombreuse que la nôtre ; — mais en manœuvrant avec vivacité, — au centre des marches des deux grands corps de Silésie et de Bohême, — il coupera les communications, isolera les principales colonnes, les battra séparément, et suppléera ainsi, en multipliant les coups, à l'infériorité du nombre.

Le 25 janvier, l'Empereur arrive au quartier-général de Châlons. Sa présence rassure les esprits ; le mouvement rétrogade qui a commencé devant les masses ennemies s'arrête, et le 27 au matin la campagne commence près de Saint-Dizier par l'attaque d'une colonne prussienne.

Il s'agit d'empêcher la jonction des deux armées, et de mettre les généraux — Blucher et Schwartzemberg — dans l'impossibilité de se réunir.

Troyes est le lieu de rendez-vous ; il faut occuper Troyes avant l'ennemi. Pour cela, les régiments français sont rappelés, et, traversant la forêt du Der, se dirigent sur Brienne, dont Blucher s'est emparé.

Deux incidents signalèrent la rencontre de nos troupes avec les troupes prussiennes. Dans une attaque des tirailleurs français sur la ville, Blucher et son état-major furent entourés; et le feld-maréchal, qu'on n'avait pas reconnu, ne dut son salut qu'à la défense la plus énergique et à la vigueur de son cheval.

A quelques heures de là, l'Empereur, précédé de quelques aides-de-camp et suivi de plusieurs généraux de sa maison, se rendait à Mézières, où avait été avancé son quartier général. Il était nuit noire, et on ne se voyait pas à dix pas. Tout à coup une bande de cosaques, qui rôdait entre le village et la ville, se rue sur la suite de l'Empereur, et le général Gourgaud abat aux pieds de Napoléon un cavalier qui allait le frapper de sa lance, pendant que l'escorte sabre et met en fuite ces effrontés maraudeurs.

Cependant la rencontre des deux premiers corps de Blucher et de l'armée de Bohême avait eu lieu à Bar-sur-Aube, et les deux généraux, descendant la rive droite de l'Aube, revinrent ensemble sur Napoléon et ne s'arrêtèrent qu'à deux lieues et demie au-dessus de Brienne, au village de la Rothière, où se trouvaient nos avant-postes. Une bataille était inévitable. Elle eut lieu le 1er février; bien que les Français combattissent au nombre de quarante mille contre soixante mille, ils conservèrent leur champ de bataille, et la retraite commença en bon ordre sur Troyes.

L'Empereur ne resta pas longtemps dans cette ville; et, continuant son mouvement de flanc et de retraite, il arriva à Nogent-sur-Seine. Ce mouvement rétrogade, aussi bien que le mauvais succès de la première bataille de la campagne, avait découragé les soldats, et peut-être Napoléon lui-même. Ce fut dans cette situation si compliquée, qu'il reçut des nouvelles du congrès ouvert par les différentes puissances, et dont le but ou plutôt le prétexte, car le but ne fut jamais sérieux, était la pacification de l'Europe. Après l'affaire de la Rothière, les prétentions des coalisés grandirent et les plénipotentiaires des cours alliées s'arrêtèrent à un protocole exigeant « Que la France rentrât dans les limites qu'elle avait avant la révolution. »

Cette proposition souleva la plus noble indignation dans l'âme de l'Empereur. Cependant, sur l'insistance de Berthier et de Maret, il consentit à autoriser le duc de Vicence, son représentant au congrès, à ne pas rompre la négociation. Une heure après, le duc de Bassano, qui avait été chargé de rédiger la dépêche, rentre pour la faire signer à l'Empereur; il le trouve couché sur ses cartes, le compas à la main : « Il s'agit de bien autre chose, dit Napoléon; je suis en ce moment à battre Blucher de l'œil; il s'avance sur Paris par la route de Montmirail, je pars, je le battrai demain, je le battrai après-demain, et, si ce mouvement a le succès qu'il doit avoir, l'état des affaires se trouvera complètement changé. »

Une dépêche de Macdonald avait en effet ranimé l'espoir de Napoléon. Cette dépêche lui apprenait qu'après la bataille de la Rothière, les généraux alliés, au lieu de suivre en masse la route de Troyes pour marcher sur Paris, s'étaient séparés, et que Schwartzemberg avait passé l'Aube pour descendre le bassin de la

Seine, tandis que Blucher s'avancerait contre la capitale par le bassin de la Marne.

Le moment était venu pour Napoléon de commencer l'exécution du plan qu'il avait projeté. Douze lieues de traverse séparent la route de Paris à Troyes, que barre l'armée française, de la route de Châlons à Paris que suit Blucher. Cette distance, malgré l'état des chemins et la saison, est franchie au pas de course; après avoir quitté Nogent le 9, l'Empereur rencontre le 10, au village de Champ-Aubert, plusieurs colonnes de l'armée de Silésie. Cette armée, forte de cent vingt mille combattants, marchait échelonnée sur une seule ligne qui, partant de Châlons, pénètre assez avant dans le département de Seine-et-Marne. Les colonnes qui traversaient Champ-Aubert au moment de l'arrivée de l'Empereur se composaient de troupes russes. Elles sont attaquées sur-le-champ avec vigueur, mises en déroute, écrasées, anéanties.

Après Champ-Aubert, Montmirail; après Montmirail, Vaux-Champ. Cinq jours après son départ de Nogent, Napoléon avait remporté quatre victoires; l'armée de Blucher fuyait dispersée, et le duc de Vicence, qui avait reçu précédemment carte blanche pour traiter, était invité à ne rien signer sans ordre et à prendre une attitude plus fière au congrès.

Malheureusement, les troupes françaises étaient si réduites, que le flot débordait partout où Napoléon n'était pas. Pendant son expédition sur la Marne, les Autrichiens avaient forcé le passage de la Seine à Nogent, à Bray, à Montereau, et s'étaient ainsi rapprochés de Paris. Déjà les équipages des maréchaux ducs de Bellune et de Reggio, pressés par le nombre, avaient gagné Charenton, et l'alarme était dans la capitale.

Napoléon apprend ces nouvelles; il quitte la poursuite de Blucher et court à Schwartzemberg. Partout le patriotisme des populations lui vient en aide, les habitants des villages mettent leurs chevaux et leurs voitures à la disposition de l'armée, qui fait trente lieues en trente-six heures ; l'artillerie elle-même est conduite en poste. A Guignes, à huit lieues de Paris seulement, l'Empereur rencontre les premières colonnes autrichiennes; à la vigueur des coups portés

avec la rapidité de la foudre à Mormant, à Nangis, à Donnemarie, le général ennemi reconnaît la présence de Napoléon, et tous les corps alliés se mettent en retraite sur Troyes. Mais partout où son génie n'est pas, la fortune de Napoléon connaît les revers; il lui faut reprendre Montereau, dont Victor n'a pas occupé les ponts; lui-même pointe les canons de sa garde et commande les décharges, et quand les boulets sifflent autour de lui, quand les canonniers tombent tués sur leurs pièces à côté de l'Empereur, quand on le conjure de ne pas exposer ses jours : « Allez mes amis, répond-il en souriant, le boulet qui doit me tuer n'est pas encore fondu ! »

Montereau est pris enfin. Mais, pendant la bataille, les troupes ennemies ont eu le temps de se retirer par la route de Sens.

C'est que les anciens compagnons d'armes du général Bonaparte ont vieilli; usés par la guerre, amollis par les honneurs et par la fortune, tous ont quinze ans de trop et n'aspirent qu'au repos.

Quoi qu'il en soit, en six jours Schwarzemberg a reculé de près de soixante lieues; et l'Empereur, revenant sur ses pas, est arrivé devant le chef-lieu du département de l'Aube; il s'arrête au pied des murs de Troyes, ne voulant pas détruire la ville occupée par les Russes, et n'y entre qu'au moment ou leur dernier peloton sort du côté opposé.

Ici se place, au milieu de ces grands événements et de cette grande épopée militaire, un drame politique qui, par ses détails, devient un drame intime.. Une manifestation royaliste, la première depuis que l'aigle avait remplacé les lis, avait eu lieu dans la capitale de la Champagne; quelques hommes exaltés, parmi lesquels M. de Vidrange, et un ancien garde du corps, M. le chevalier de Gouault, s'étaient promenés dans la ville, portant la cocarde blanche au chapeau, la croix de Saint-Louis à la boutonnière. Bien que cette manifestation n'eût pas trouvé d'écho dans la population, Napoléon comprit sa portée dans les circonstances où il se trouvait; aussi, à peine descendu à son logement, il jette ses gants et le fouet qu'il tenait à la main, et ordonne la réunion immédiate d'un conseil de guerre. M. de Gouault seul y parut; les autres personnes qui avaient pris part à la manifestation n'avaient pas cru devoir attendre les effets de la colère de l'Empereur et avaient quitté la ville avec l'ennemi. M. de Gouault était un homme en tous points honorable, que ses sentiments politiques avaient poussé, mais qui savait du moins sacrifier sa vie à ses convictions. Sa position inspira un vif intérêt, et M. de Mesgrigny, écuyer de l'empereur et compatriote du condamné, vint demander sa grâce au nom des personnages les plus notables de la ville. Sans doute Napoléon avait été frappé de cette fidélité portée jusqu'à l'abnégation, et à laquelle il rendait lui-même hommage, car il est certain qu'il donna l'ordre de suspendre l'exécution; malheureusement, au moment où M. de Mesgrigny, qui était entré contre la défense formelle de l'Empereur dans le cabinet où il reposait, pour sauver la tête du chevalier, au moment, disons-nous, où M. de Mesgrigny sortait ivre de joie, avec l'ordre de sursis, une explosion se faisait entendre; et l'écuyer de service s'arrêtait, pâle et atterré, devant cette porte qu'il allait franchir : « Sire, il est trop tard ! » s'écria-t-il en s'inclinant vers la main qui venait de signer le salut de M. de Gouault. L'Empereur resta quelques instants silencieux ; puis prenant son chapeau et marchant à grands pas comme pour vaincre une émotion qui le gagnait malgré lui :

— La loi le ondamnait ! dit-il, il avait trahi son pays !

En effet M. de Gouault avait été passé par les armes, avec cet écriteau sur la poitrine ! « Traître à son pays ! »

Pendant que de doubles négociations se poursuivent à Lusigny et à Châtillon, pendant que les grandes puissances se lient et s'engagent à Chaumont par un traité dont le but est l'abaissement de la France et non plus seulement la déchéance de Napoléon, celui-ci quitte Troyes pour courir à Blucher, qui se dirigeait de nouveau sur Paris par le bassin de la Marne. Après avoir traversé dans la journée Arcis-sur-Aube, il arrive le soir au petit village d'Herbisse, près de Fère-Champenoise, et couche chez le vénérable curé de ce village, qui ne peut croire à tant

Napoléon chez le curé d'Herbisse

d'honneur, et manque de perdre la tête, de joie et de surprise.

— Monsieur le curé, nous venons vous demander l'hospitalité pour une nuit seulement, dit l'Empereur au digne vieillard, avec ce ton de bienveillance qui savait toujours captiver; ne vous dérangez donc pas, nous nous ferons tout petits pour ne pas vous gêner.

Puis il s'établit dans une pièce unique, située au rez-de-chaussée, qui servait à la fois de salon, de chambre à coucher et de cuisine, pendant que les généraux et les officiers de sa suite improvisaient un dîner, à l'aide des ressources du mulet de la cantine. Le bon prêtre n'en pouvait croire ses yeux en voyant apparaître tout à coup, sur les planches qui servaient de table, un repas qu'il eût été bien embarrassé de fournir. Ce fut toute la soirée une série de questions et de surprises pour le vieux curé, et pour sa gouvernante, qui chantait des cantiques aux officiers, jusqu'à ce que l'heure du repos fût venue pour tous. L'Empereur se coucha, pendant moins de deux heures, sur le lit du curé d'Herbisse. Quant aux officiers, ils s'étaient fait des lits de la paille trouvée dans le grenier. Le matin, quand Napoléon fut debout, et tout le monde prêt à partir, le curé d'Herbisse dormait encore. On sortit sans bruit; et, au réveil du vieillard, une bourse contenant mille francs en or, fut la seule trace que l'Empereur eût laissée de son passage au presbytère.

Sans perdre un instant, Napoléon marche sur La Ferté-sous-Jouarre, où Blucher est arrêté par les ducs de Trévise et de Raguse. Enfin il croit tenir cet adversaire infatigable; pressé sur la droite par Napoléon, sur la gauche par les deux corps de Marmont et de Trévise, arrêté en tête par l'Aisne, dont Soissons garde le passage, il est perdu, car toutes les issues lui sont fermées.

Pourtant il tente un effort déscspéré, il ordonne à tout hasard une démonstration sur Soissons: chose étrange! l'artillerie des remparts reste muette, les ponts-levis s'abaissent; les Prussiens, étonnés entrent dans la place: Blucher est sauvé! Le général qui commandait Soissons a rendu la place au corps de Wintzingerodz. Ce sont des Prussiens qui l'occupent. — Oh! ce nom de Moreau ! s'écrie l'Empereur en apprenant cette nouvelle qui sauve l'armée ennemie et fait crouler tout son plan, ce nom de Moreau est un nom fatal !

Il lui faut à tout prix une bataille; il suit le mouvement de Blucher, l'atteint à Craonne; mais forcé de battre en retraite à son tour, il se retire sur Soissons, se porte ensuite sur Reims, qu'il reprend au général Saint-Priest, ancien émigré au service de la coalition, qui est tué comme Moreau.

Cependant le généralissime Schwarzemberg a profité du moment de répit que lui a donné la pointe faite sur Reims par Napoléon; il a reformé ses masses entre Langres et Bar-sur-Aube, et s'est avancé une seconde fois sur Paris par la vallée de la Seine. Il est déjà à Provins, quand ces nouvelles parviennent à l'Empereur, qui quitte Reims et s'avance à marches forcées sur Épernay.

Au seul bruit des pas du grand capitaine, la scène change encore une fois. Le généralissime suspend son mouvement en avant, une terreur panique se met dans l'armée des coalisés, les souverains qui étaient à Troyes quittent cette ville ; ils croient Napoléon déjà maître de tout les passages des Vosges et de la Haute-Saône, et par conséquent des communications avec le Rhin ; et le Czar s'écrie à plusieurs reprises « que sa tête blanchira dans cette lutte. »

Napoléon, qui s'est heurté au petit hameau de Châtres, sur un détachement ennemi qu'il a fait prisonnier, revient sur ses pas, arrête des bandes ennemies par l'incendie de Méry, mesure consentie par les fidèles habitants, se repose deux heures à Plancy, que les Prussiens ont cruellement dévasté, et se trouve bientôt à la hauteur d'Arcis ; il y rencontre les masses de Schwarzemberg qui marchaient sur Châlons, où elles devaient se réunir à l'armée de Blucher. C'est ainsi qu'un simple engagement d'éclaireurs devient bientôt une des plus rudes batailles de la campagne. Au moment où les régiments français engagés commencent à plier sous l'effort d'un ennemi huit fois plus nombreux, l'Empereur, traversant au galop le pont et la ville d'Arcis, arrive sur le champ de bataille et rétablit l'ordre par sa présence. A Montereau il a pointé les canons de

Bataille d'Arcis.

sa garde, ici il met l'épée à la main, lutte de sa personne ; enveloppé à plusieurs reprises, il ne doit son salut qu'au dévouement des officiers qui combattent à ses côtés. Enfin la garde arrive, elle vient de former ses lignes ; le feu de l'ennemi redouble, et un obus tombant à quelque pas de l'Empereur roule le long d'un des carrés placés devant lui et opère une sorte de flottement dans les rangs les plus proches. Napoléon s'en aperçoit ; il lance son cheval sur l'obus, et pendant que l'animal flaire épouvanté la mèche enflammée :—Est-ce que des soldats éprouvés, s'écrie-t-il, doivent s'émouvoir pour si peu !—A ce moment l'obus éclate, un nuage de fumée enveloppe l'Empereur ; un cri d'épouvante parcourt les lignes ; mais bientôt des acclamations frénétiques lui succèdent. Le nuage dissipé, Napoléon apparaît debout, calme, impassible ! Comme à Montereau, les boulets et la mitraille le respectaient : ce n'est pas là qu'il doit mourir.

Le combat se continue, ardent, terrible, corps à corps pendant deux jours, jusqu'à ce qu'un pont ait été construit. La retraite s'opère alors ; retraite qui est elle-même un beau fait d'armes ;

Napoléon se replie sur Vitry-le-Français. Les routes de la capitale sont désormais ouvertes à l'ennemi.

Mais tout n'était pas perdu; le mouvement patriotique et national s'organisait de lui-même dans la Lorraine, dans les Vosges, dans tous les départements compris entre la Haute-Marne et le Rhin; Napoléon s'était enfin décidé à recourir au moyen de résistance le plus énergique et le plus sûr pour les empires envahis, à la levée en masse, à l'insurrection nationale. Le 5 mars, cinq mois seulement après l'entrée de Wellington sur le territoire français, plus de deux mois après l'invasion de la coalition, quinze jours avant la bataille d'Arcis, la dernière qu'il devait livrer, Napoléon avait, par un décret impérial daté de Fismes, autorisé tous les citoyens français à courir aux armes; ils devaient sonner le tocsin au premier bruit du canon ennemi, se rassembler, fouiller les bois, couper les ponts, intercepter les routes, tomber sur les flancs et les derrières des coalisés. Tout citoyen français pris par l'ennemi et mis à mort devait être vengé sur-le-champ par la mort d'un prisonnier; tout fonctionnaire, tout habitant qui, au lieu d'exciter l'élan patriotique du peuple, essaierait de le refroidir, serait considéré comme traître et traité comme tel.

Le nouveau système de défense devait placer entre l'Allemagne et les armées alliées l'épaisseur de quinze départements, dont l'insurrection, régularisée par Napoléon et soutenue par son armée, pouvait jeter en quelques jours sur les derrières de l'ennemi plus d'un demi-million d'hommes armés. Napoléon l'a bien compris, car, en arrivant à Saint-Dizier, il répond à ceux qui s'effraient autour de lui : — Je suis plus près de Munich que les alliés ne le sont de Paris !

Mais la campagne doit finir où elle a commencé. Si le peuple des campagnes est pour Napoléon, comme le peuple de l'armée, ses généraux sont las et fatigués, ses lieutenants l'abandonnent déjà; ils luttent avec lui, et lui font perdre cinq jours à Saint-Dizier, au lieu de courir à la défense de la capitale. Enfin l'armée se met en marche. Parvenu à Doulencourt, l'Empereur dépêche un de ses aides-de-camp à

Joseph, pour lui annoncer son retour et lui enjoindre de tenir jusqu'à son arrivée. En même temps il recommandait à son frère de ne permettre en aucun cas que l'Impératrice et le Roi de Rome tombassent entre les mains de l'ennemi. « Le sort d'Astyanax, prisonnier des Grecs, disait-il en terminant, m'a toujours paru le sort le plus malheureux de l'histoire. »

Le 30 mars de grand matin, l'Empereur quitta Troyes, marcha avec l'armée jusqu'à Villeneuve-sur-Vannes. Et là, certain que la route était libre, il se jeta dans une carriole d'osier, et arriva à Sens, où il apprit en changeant de chevaux le départ de l'Impératrice et du Roi de Rome pour Blois.

C'était là tout ce qu'on savait. L'impatience et l'inquiétude de Napoléon en devinrent plus vives ; il traversa, sans s'arrêter, Pont-sur-Yonne, Moret, Fontainebleau ; et, le soir à dix heures, il arrriva enfin à cinq lieues de Paris, à Fromenteau. Il avait fait plus de quarante lieues dans cette seule journée. Encore une heure et il était aux Tuileries ! A ce moment, il aperçoit devant la maison de poste des groupes d'officiers et de soldats; et le général Belliard lui annonce que Paris, attaqué le matin, s'était rendu, et qu'il battait en retraite.

Malgré cette nouvelle, l'Empereur persistait à aller à Paris; mais les généraux présents, et Ney, qui était avec lui, parvinrent à le dissuader de ce projet. Il revint à Fontainebleau et s'installa dans une espèce de logement militaire, situé au premier étage, le long de la galerie de François 1er.

Campé à quinze lieues de Paris, L'Empereur, avec son avant-garde à huit lieues de la capitale, avait encore quarante mille hommes sous la main. Il prend ses dispositions. Le maréchal duc de Trévise établira son camp à Mennecy, où se ralliera tout ce qui viendrait de Paris; les troupes arrivant de Champagne camperont du côté de Fontainebleau; Marmont, commandant l'avant-garde, placera son quartier général à Essonne. C'est donc Marmont qui a le poste d'honneur et de confiance.

Telle fut la situation offensive dans laquelle Napoléon attendit les résultats des négociations dont M. le duc de Vicence était chargé à Paris; l'enthousiasme des soldats était à son comble, et le projet de marcher sur Paris était bien arrêté chez l'Empereur, lorsqu'un jour, après une parade qui avait eu lieu dans la cour du *Cheval-Blanc*, le maréchal Macdonald lui remit une lettre dans laquelle le général Beurnonville annonçait le décret de déchéance prononcé l'avant-veille, ainsi que l'intention des alliés de ne plus traiter avec Napoléon. Celui-ci fit lire la lettre tout haut. Quand cette lettre fut terminée : — Demain, dit-il, nous aurons raison de tout cela. Je compte sur vous, Messieurs, ajouta-t-il en s'adressant aux maréchaux !

Ces mots furent le signal de l'explosion. Oudinot, Ney et Lefebvre déclarèrent qu'ils ne marcheraient pas sur Paris,et que pas une épée ne sortirait du fourreau pour une pareille entreprise. — L'armée du moins me suivra, dit l'Empereur. — L'armée obéira à ses généraux, répondit vivement un des maréchaux.

Ce triste débat, dit M. de Vaulabelle, où un grand homme, pliant sous le poids des revers et de la puissance, se trouvait aux prises avec des dévouements fatigués, des intérêts repus, impatients de soustraire leurs honneurs et leur fortune aux hasards d'une plus large lutte, se termina comme avaient fini les discussions soulevées à Saint-Dizier.

Napoléon fléchit devant cette résistance inattendue; il consentit à abdiquer, comme on le lui demandait; et, prenant une plume, il écrivit d'une main émue la déclaration suivante :

« Les puissances alliées ayant proclamé que
» l'Empereur Napoléon était le seul obstacle au
» rétablissement de la paix en Europe, l'Empe-
» reur Napoléon, fidèle à son serment, déclare
» qu'il est prêt à descendre du trône, à quitter
» la France et même la vie, pour le bien de la
» patrie, inséparable des droits de son fils, de
» ceux de la régence de l'Impératrice et du
» maintien des lois de l'Empire.

» Fait en notre palais de Fontainebleau, le
» 4 avril 1814. »

NAPOLÉON

Se levant alors il tendit le papier aux maréchaux. — Tenez, Messieurs, leur dit-il, êtes-vous contents? ... Maintenant il faut aller à Paris défendre les intérêts de mon fils, de l'armée et de la France. Je nomme pour mes commissaires le duc de Vicence, les maréchaux prince de la Moskova et duc de Raguse... —Puis, après un silence : — Non, non, point de régence, s'écria-t-il, avec ma garde et le corps de Marmont, je serai demain dans Paris !... Les maréchaux se récrièrent; alors il reprit son calme, et, après avoir passé rapidement la main sur son front, il dit d'un voix forte et impérieuse, en regardant ses lieutenants : — Retirez-vous !

Il devait boire la coupe jusqu'à la lie. Son compagnon d'armes, celui qu'il appelait son ami, Marmont, duc de Raguse, se montra indigne de sa confiance. Si la défection du 6e corps ne fit pas la chute de Napoléon, elle porta du moins un coup mortel à sa cause; car, ce ne fut qu'après cette défection que le rappel des Bourbons fut décidé. En apprenant la trahison de Marmont, Napoléon voulut d'abord douter. Puis, quand il eut lu la copie du traité conclu par le duc de Raguse, sa parole s'arrêta, son regard devint fixe, et il laissa échapper ces seuls mots :

— L'ingrat ! il sera plus malheureux que moi.

Quelques heures après, il adressait ses remercîments à tous les régiments de l'armée, dans un ordre du jour qui peint bien l'état de son âme, et qui répondait aux accusations dirigées contre lui par le sénat.

Sa royale agonie était commencée ; elle devait durer plusieurs jours, jusqu'à son départ pour l'île d'Elbe. Il fut encore réduit à discuter avec ses maréchaux; en vain proposa-t-il une retraite générale derrière la Loire, une longue acclamation d'épouvante accueillit ce projet : — Eh bien ! s'écria-t-il, s'il faut renoncer à défendre la France, l'Italie ne nous offre-t-elle pas une retraite digne de nous. Veut-on m'y suivre encore une fois? Marchons vers les Alpes. — Des récriminations, des murmures furent la seule réponse à ce cri du génie qui avait inspiré la campagne d'Italie. A la fin la résistance du héros fut vaincue : — Vous voulez du repos, dit-il à ses généraux, ayez-en donc. Mais vous ne savez pas combien de douleurs vous attendent sur vos lits de duvet ! Quelques années de cette paix que vous achetez si cher vous moissonneront en plus grand nombre que ne pourrait le faire la guerre la plus désespérée !

S'approchant alors d'un guéridon placé au milieu de son cabinet, il écrivit sa seconde abdication :

« Les puissances alliées ayant proclamé que
» Napoléon était le seul obstacle au rétablisse-
» ment de la paix en Europe, l'Empereur, fidèle
» à son serment, déclare qu'il renonce pour lui
» et ses enfants aux trônes de France et d'Ita-
» lie, et qu'il n'est aucun sacrifice, même celui
» de sa vie, qu'il ne soit prêt à faire aux inté-
» rêts de la France. »

Ney, Macdonald et Caulaincourt furent chargés de porter cet acte aux souverains, et de stipuler au nom de l'empereur les clauses du traité qui devait régler sa position et celle de sa famille. Dès ce moment commença la désertion générale, et Napoléon put juger de l'étendue de sa chute. Son cœur se brisa devant toutes ces lâchetés, son âme s'ulcéra à tant d'abandon et d'ingratitude; et, sans force contre une telle épreuve, Napoléon essaya de mettre fin à ses jours, à l'aide d'une préparation indiquée par Cabanis et

Salle de l'abdication.

qu'il portait toujours à son cou, afin de ne pas tomber vivant entre les mains de l'ennemi. Mais la Providence ne permit pas qu'une pareille fin terminât une si grande existence; une crise sauva Napoléon, qui s'écria, étonné de vivre: Dieu ne le veut pas !

Dès lors il parut résigné; il ratifia le traité que Caulaincourt lui avait apporté, remercia Macdonald de ce qu'il avait fait pour lui, et lui donna le sabre qu'il portait à la bataille du mont Thabor : —Voilà, mon digne ami, dit-il, la seule récompense que je puisse vous offrir... Votre main, maréchal, et embrassez moi! — Ils se jetèrent dans les bras l'un de l'autre; tous deux pleuraient.

Macdonald était un des hommes que Napoléon avait méconnus; ce fut le dernier qui accepta les actes du sénat.

Les jours suivants s'écoulèrent dans une solitude presque complète. De tous ses ministres, les ducs de Vicence et de Bassano furent les seuls qui ne l'abandonnèrent pas, redoublant, pour sa personne, de soins, de respects et d'égards. Macdonald, Mortier et Moncey furent également les seuls maréchaux qui vinrent lui rendre visite. Berthier avait disparu. « Confiné dans la bibliothèque, dit M. de Vaulabelle, auquel nous aimons à emprunter les détails de ce triste récit, il ne la quittait que pour se promener dans le petit jardin renfermé entre l'ancienne galerie des Cerfs et la chapelle, ou pour parcourir la galerie où se tenaient les personnes encore attachées à son service et le petit nombre d'officiers généraux restés à Fontainebleau. Il causait de tout avec tous, familièrement et dans le plus grand calme. Une légère émotion l'agitait pourtant, chaque fois qu'il entendait rouler une voiture dans la cour; il demandait si ce n'était pas quelqu'un de ceux qu'il avait tant comblés qui venait lui faire ses adieux. Son espérance était toujours trompée. Il était tombé, d'autres s'élevaient; c'était à ceux-là que ses courtisans et ses flatteurs de la veille portaient maintenant les hommages et les louanges dont ils l'avaient si longtemps enivré. »

Enfin le moment du départ arriva.

Le 20 mars au matin, les voitures qui devaient emmener l'Empereur vinrent se placer au pied de

Les adieux de Napoléon.

l'escalier de la cour du *Cheval-Blanc*. La garde impériale était rangée en ligne. Une foule immense se pressait aux grilles et aux abords du palais. A onze heures et demie, le général Bertrand annonça l'Empereur. Napoléon parut. Il serra la main du petit nombre d'amis et de serviteurs qui lui restaient et qui s'étaient rangés sur son passage, traversa la galerie, et descendit le grand escalier. A sa vue, les tambours battirent aux champs ; d'un signe il fit faire silence, et s'avançant vers sa garde, il dit d'une voix ferme :

« OFFICIERS, SOUS-OFFICIERS ET SOLDATS DE MA VIEILLE GARDE !

« Je vous fais mes adieux. Depuis vingt ans
» que nous sommes ensemble, je suis content de
» vous. Je vous ai toujours trouvés sur le chemin
» de la gloire. Toutes les puissances de l'Europe
» se sont armées contre moi ; quelques-uns de
» mes généraux ont trahi leur devoir, et la
» France elle-même a voulu d'autres destinées.
» Avec vous et les braves qui me sont restés
» fidèles, j'aurais pu entretenir la guerre civile ;
» mais la France eût été malheureuse. Soyez

» fidèles à votre nouveau roi ; soyez soumis à
» vos nouveaux chefs, et n'abandonnez point
» notre chère patrie. Ne plaignez pas mon sort :
» je serai heureux lorsque je saurai que vous
» l'êtes vous-mêmes. J'aurais pu mourir ; si j'ai
» consenti à survivre, c'est pour servir encore à
» votre gloire : j'écrirai les grandes choses que
» nous avons faites. Je ne puis vous embrasser
» tous. Mais j'embrasse votre général. Venez,
» général Petit, que je vous presse sur mon
» cœur !... Qu'on m'apporte l'aigle, que je
» l'embrasse aussi ! Ah ! chère aigle, puisse le
» baiser que je te donne retentir dans la postérité !
» Adieu, mes enfants ; mes vœux vous accom-
» pagneront toujours ; gardez mon souvenir ! »

Autour de Napoléon, toute la garde pleurait ; lui-même était très ému ; le colonel Campbell, commissaire anglais, fondait en larmes. L'Empereur monta dans une voiture où se trouvait le général Bertrand, et disparut aux yeux de la foule, qui s'écoula en silence.

Napoléon était tombé du trône avec la dignité d'un homme qui méritait d'y siéger. Il se dirigea avec le commissaire anglais vers l'île d'Elbe, qu'il avait choisie pour son séjour. Sa marche à travers les provinces fut souvent douloureuse. A côté du cri de vive l'Empereur, qui l'accueillit dans la plupart des villes, il y eut des défections, des injures, des périls même, et dans le Midi la vie de l'Empereur fut sérieusement menacée. Enfin il s'embarqua dans cette même contrée qui, quatorze ans auparavant, l'avait vu débarquer à son retour d'Egypte; et le 3 mai il entrait à Porto-Ferrajo, où il fut reçu par le général Duhesme.

Il prit possession de ses nouveaux États, pendant que Louis XVIII faisait, comme roi de France, une entrée solennelle dans la ville de Londres, et attribuait hautement, au gouvernement anglais, le rétablissment de sa maison sur le trône de ses ancêtres.

En saluant ainsi l'étranger du nom de libérateur, la Restauration se condamnait elle-même et préparait de nouveaux malheurs à la France.

CHAPITRE X

RETOUR DE L'ILE D'ELBE

1815 — 2me CAMPAGNE DE FRANCE

Pendant que Napoléon s'installait dans l'île d'Elbe, Louis XVIII et ses conseillers préparaient son retour par des fautes que leur situation rendait presque inévitables. Absents depuis longtemps, ils revenaient avec les mêmes idées, les mêmes préjugés, qu'au jour de leur départ. L'armée, humiliée, vit décimer le corps de ses officiers; trois mille vétérans, mutilés dans les guerres de la République et de l'Empire, furent réduits à mendier leur pain sur les routes, et les défenseurs du pays furent désignés hautement, par les amis du nouveau gouvernement, sous l'appellation injurieuse de *Brigands de la Loire*. Le parti royaliste, au lieu de se faire médiateur entre la patrie conquise et l'étranger, sembla prendre à tâche de se présenter comme l'allié du vainqueur et l'obligé de ses succès; au lieu de montrer Napoléon tombant par la France, qui avait accepté, dans son découragement et sa lassitude, une solution née des revers de nos armes, il le représenta comme tombant par l'Europe; au lieu de montrer la restauration du trône antique comme devant être la restauration des libertés publiques, il se sépara de l'opinion par des représailles inutiles, blessa la France dans ses souvenirs et la menaça dans ses droits.

L'écho des mécontentements de la France arriva jusqu'à l'île d'Elbe, et suggéra à Napoléon la pensée du retour.

Son beau-frère avait en vain trahi. La restitution du trône de Naples était hautement demandée, et Murat, rassemblant ses troupes, s'était mis en correspondance avec l'île d'Elbe, pendant que de sourdes rumeurs agitaient déjà l'Italie. Alors seulement on s'effraya du voisinage de cet aigle enchaîné, mais qui, pouvant étendre quelque jour ses ailes, me-

Grenadier de l'Ile d'Elbe.

naçait incessamment le repos de l'Europe ; et on résolut de le déporter au loin, sauf à violer le traité de Fontainebleau. On commença par ne pas exécuter ce traité, en ne payant pas à l'Empereur déchu les deux millions qu'on devait lui servir annuellement.

Le secret fut mal gardé et Napoléon apprit bientôt cette résolution ; elle décida de la sienne ; dès le mois de février, tout était convenu et préparé, et l'époque du départ de l'île d'Elbe arrêtée dans la pensée de Napoléon. Le 25 février, il y eut bal chez la princesse Pauline. Napoléon y parut, calme et bienveillant comme toujours ; rien n'annonçait dans sa physionomie qu'il fût décidé à quitter l'île d'Elbe le lendemain même. Après le bal, Bertrand et Drouot l'apprirent seulement de lui. En effet le 26, à cinq heures de l'après-midi, Napoléon s'embarqua sur le brick l'*Inconstant*. Quatre cents grenadiers de sa garde, commandés par Bertrand, Drouot et Cambronne, étaient avec lui. Trois autres navires portaient deux cents chasseurs corses, cent chevau-légers polonais et un bataillon de flanqueurs.

A huit heures, un coup de canon donna le signal du départ; et Napoléon, paraissant sur le pont de son navire, jeta ces mots aux soldats qui l'entouraient : — Grenadiers ! nous allons en France, à Paris ! — Des acclamations d'enthousiasme lui répondirent, et le cri de vive l'Empereur retentit d'un navire à l'autre.

Le voyage ne fut pas sans danger ; le vent était tombé, la mer était devenue immobile, et la petite escadre ne pouvait avancer ; enfin la brise s'élève, et l'on cinglait vers les côtes de France, lorsque la rencontre d'une frégate française faillit tout perdre. Par le plus grand des hasards, le capitaine du brick impérial connaissait le commandant de la frégate ; ils se saluèrent, et le dernier ayant demandé des nouvelles de l'Empereur, ce fut l'Empereur lui-même qui emboucha le porte-voix pour répondre : — Merci : il va bien !

Enfin, le 1er mars au matin, Napoléon entrait dans le golfe Juan, le débarquëment s'opérait, et un bivouac était établi sur le rivage, dans un champ entouré d'oliviers. — Beau présage, s'écria l'Empereur en voyant ces arbres : puisse-t-il se réaliser !

Nulle part la petite troupe ne rencontra de résistance jusqu'à Vizille, à quelques lieues de Grenoble, où elle fut arrêtée par une colonne envoyée par le commandant de la ville. L'officier placé à la tête de ce détachement ne voulut pas entendre Cambronne, qui venait à lui en parlementaire. — On m'a trompé, dit alors Napoléon au genéral Bertrand : mais ce n'est pas l'heure d'hésiter; en avant ! — Mettant pied à terre, il s'avança à portée de la voix de la colonne qui barrait la route, et découvrant sa poitrine : — S'il en est un parmi vous, dit-il aux soldats, un seul qui veuille tuer son Empereur, il le peut ; le voici !

Toute la colonne répondit, en se débandant, par le cri de vive l'Empereur!

Un seul coup de fusil, et l'épisode le plus étonnant eût manqué à la vie de l'homme des prodiges.

Partout ailleurs l'apparition avait produit un enthousiasme spontané, ses proclamations avaient entraîné tous les cœurs et ranimé toutes les espérances. On s'avançait au milieu d'une immense population, qui acclamait Napoléon comme un libérateur.

A Grenoble, le général Marchand avait fait fermer les portes, les habitants les enfoncèrent et vinrent en porter les débris aux pieds de l'Empereur : — A défaut de clé, voici les portes, dit un des hommes qui en transportaient les morceaux.

— Tout est décidé maintenant, nous allons à Paris, — s'était écrié Napoléon ; et s'il faut en croire un entretien qui suivit l'entrée à Grenoble et que Labédoyère a rapporté, il avait dès lors abjuré ce système de conquête et de puissance qui faisait la force de ses ennemis. — Si je réussis, avait-il ajouté, je ferai tout ce qu'il faudra pour remplir l'attente de la nation. C'est pour la rendre libre et heureuse que je me suis jeté dans une entreprise qui pouvait ne pas réussir et me coûter la vie : mais du moins je serais mort sur le sol de la patrie !

Le lendemain 8 mars, Napoléon fut salué Empereur par toutes les autorités de Grenoble. Ce fut dans cette circonstance qu'il prononça les paroles suivantes : « J'ai su que la France était malheureuse, j'ai entendu ses gémissements et ses reproches. Je suis venu pour la délivrer du joug des Bourbons. Leur trône est illégitime. Mes droits ne sont autres que les droits du peuple. Je viens les reprendre, non pour régner, le trône n'est rien pour moi; non pour me venger, je veux oublier tout ce qui a été dit, fait et écrit depuis la capitulation de Paris. J'ai trop aimé la guerre, je ne la ferai plus... Nous devons oublier que nous avons été les maîtres du monde... Je veux régner pour rendre notre belle France libre, heureuse, indépendante. Je veux être moins son souverain que le premier et le meilleur de ses citoyens... »

Il redevenait ainsi subitement l'homme du peuple.

Cependant les premières nouvelles arrivées à Paris n'avaient pas trouvé crédit. Ce ne fut que *six jours* après le débarquement de Napoléon que, vaincus par l'évidence, la royauté et ses ministres commencèrent à croire à un danger sérieux. *Le Moniteur* publia alors deux ordonnances. L'une mettait Napoléon hors la loi et prescrivait en style gothique et féodal de *lui courir sus ;* l'autre convoquait les chambres. Puis, le lendemain, le journal officiel ajoutait un mensonge aux maladresses de la veille : il annonçait que Napoléon, poursuivi par les populations et abandonné des siens, avait été réduit à se réfugier dans les montagnes. A cette nouvelle, la cour fut prise d'une folle joie, et l'émigration, ne tarissant pas de plaisanterie, inventa les plus ravissantes bouffonneries sur le *brigand de l'île d'Elbe.*

Mais cette gaîté intempestive ne fut pas de longue durée.

Le comte d'Artois, le duc d'Orléans et le maréchal Macdonald partirent pour Lyon, tandis que les généraux Marchand et Duvernet, le duc d'Angoulême et le prince d'Essling étaient chargés de fermer la retraite, et que le général Lecourbe et le maréchal Oudinot s'avancaient à marches forcées pour inquiéter les flancs de ce qu'on appelait la troupe impériale. Pendant ce temps une conspiration militaire éclatait à Lille et à La Fère, et toute cette magnifique et belliqueuse mise en scène se terminait par l'entrée de Napoléon à Lyon, sous les yeux mêmes du comte d'Artois.

A Lyon, Napoléon oublia malheureusement un peu son discours de Grenoble. Au lieu d'oublier, il signa quelques décrets de représailles. Rentré aux Tuileries, on lui reprocha d'en revenir aux errements du passé. L'acte additionnel aux Constitutions de l'Empire frappa de stupeur les libéraux doctrinaires, qui s'écrièrent que le retour de l'île d'Elbe leur ramenait l'Empereur tout entier. Ils avaient salué avec enthousiasme le dictateur de la patrie en danger; ils rêvaient un pas rétrograde vers la république. Désenchantés, ils travaillèrent l'opinion publique contre Napoléon, auquel il ne resta plus guère que l'armée.

Cependant les quatre grandes puissances s'étaient réunies et avaient déclaré le 25 mars : « Qu'elles emploieraient toutes leurs forces pour maintenir le traité de Paris, notamment contre les plans de Napoléon Bonaparte.. » En outre, l'engagement mutuel était pris de ne déposer les armes qu'après avoir mis « l'usurpateur » hors d'état de troubler à l'avenir la paix de l'Europe. Le 4 avril, Napoléon répondit aux souverains. Dans une lettre pleine de dignité et de modération, il disait en parlant de la France : « Jalouse de son indépendance, le principe inviolable de sa politique sera le respect le plus absolu pour l'indépendance des autres nations. Si tels sont, comme j'en ai l'heureuse confiance, les sentiments personnels de Votre Majesté, le calme général est assuré pour longtemps ; et la justice, assise aux confins des Etats, suffit seule pour en garder les frontières. »

Cette lettre fut mal accueillie par les coalisés. Qu'importait l'indépendance des nations à ceux qui s'occupaient alors de se les partager comme une proie ?

L'Empereur se trouva donc réduit encore une fois au terrain de la guerre, et la France se disposa comme une citadelle à soutenir l'assaut de l'Europe ; les villes se fortifièrent, les redoutes et les ouvrages de campagne s'élevèrent partout où il y avait un obstacle à défendre, une issue à fermer, une route à protéger. La passion de l'indépendance, cent fois plus forte et plus généreuse que celle de la gloire, remua toutes les provinces de la France; et l'armée se trouva tout à coup portée à deux cent mille hommes. A Paris, comme dans les provinces, les fédérations se formèrent sous les plus rigoureux serments. Malheureusement, ce mouvement patriotique, qui n'était autre que l'insurrection populaire organisée quelques mois auparavant par Napoléon, lors de la campagne de France, ce mouvement universel et formidable effraya le dominateur, et la politique impériale sacrifia l'enthousiasme des fédérés aux intérêts du trône. En ne faisant pas de ces hommes des citoyens, on en fit des mécontents. La nouvelle fédération, qui eut lieu le 2 juin au Champ-de-Mars, ne répondit pas à l'opinion et aux espérances du grand nombre.

On applaudit, il est vrai, et le cri de vive l'Empereur retentit dans le Champ-de-Mars, quand les aigles furent distribuées à la garde nationale. Mais on eût voulu une déclaration formelle de garanties pour la liberté; et ce fut en vain que le 7, à l'ouverture des chambres, Napoléon déclara : « Qu'il venait inaugurer la monarchie constitutionnelle ; » l'acte additionnel s'élevait, devant les républicains qui avaient partout relevé la tête, comme une barrière entre eux et l'Empereur.

Cependant la coalition s'était donné rendez-vous sur le Rhin ; Joachim Murat, jaloux de réparer ses fautes, marcha contre l'Autriche et s'empara de Florence. Mais Murat devait être fatal à son beau-frère ; un mois après, l'Italie était perdue pour la France ; et le roi de Naples revenait sans armée et sans couronne, prononçant ces seuls mots : — Je n'ai pu mourir.

Le 12 juin, après six semaines d'impatience, Napoléon va se mettre à la tête de son armée. l'Europe marche contre lui avec un million d'hommes ; il marche contre l'Europe avec 400,000 soldats. Jamais, dit-il, il n'a fait un plan de campagne plus sûr, plus décisif. S'il est compris, s'il est obéi, s'il n'est pas trahi de ses généraux, le sort de la France et de l'Europe sera bientôt décidé. Le 14, il annonce sa présence à l'armée par une de ces proclamations qui promettent la victoire et enivrent le soldat : « C'est, dit-il, l'anniversaire de Marengo et de Friedland, qui décida deux fois du destin de l'Europe. Alors, comme après Austerlitz, comme après Wagram, nous fûmes trop généreux... Soldats, à Iéna, contre ces mêmes Prussiens aujourd'hui si arrogants, vous étiez un contre deux, et à Montmirail un contre trois... Soldats, nous avons des marches forcées à faire, des batailles à livrer, des périls à courir... Pour tout Français qui a du cœur, le moment est arrivé de vaincre ou de périr. »

Le 14 au soir, la plus grande sécurité règne dans l'armée coalisée, les Prussiens vont être surpris et Wellington sera refoulé sur Bruxelles. Cette tactique n'est pas nouvelle pour Napoléon ; c'est celle de la campagne d'Italie, de la campagne de France, c'est par elle qu'il a battu et tenu en échec avec 40,000 hommes toutes les armées de la coalition, c'est par elle qu'il va écraser Blucher. Mais la trahison commence avant la bataille ; le général Bourmont, commandant la 2e division du 4e corps aux ordres du général Gérard, est passé à l'ennemi avec un colonel, un chef d'escadron et un autre officier.

Blucher est averti, et Napoléon devra changer ses dispositions. Il franchit la Sambre et entre à Charleroy. Malheureusement Ney, qui a reçu l'ordre de se porter au chemin des Quatre-Bras pour contenir les Anglais commandés par Wellington, n'a pas opéré à temps son mouvement et n'a pu réparer sa faute par son courage et l'héroïsme de ses troupes.

Cette faute doit avoir une influence prodigieuse sur le succès de la campagne. Napoléon avait rencontré dans la même journée, près de Fleurus, l'armée de Blucher forte de 95,000 hommes, rangés en bataille en faisant face à la Sambre. Sachant Ney à portée, — il le croyait aux Quatre-Bras depuis vingt-quatre heures, — il lui envoie l'ordre de prendre à dos l'ennemi, qu'il a attaqué malgré l'infériorité des troupes dont il dispose. « Si Ney exécute bien mes ordres, dit-il au maréchal Gérard, il ne s'échappera pas un canon de l'armée prussienne. »

Le temps s'écoule ; Ney ne paraît pas ; les heures se passent, et Napoléon, craignant de manquer l'occasion de battre l'armée prussienne isolée, commence l'attaque. Des deux côtés la lutte fut acharnée ; dans les villages de Ligny et de Saint-Amand, les soldats se battirent corps à corps, à coups de crosse, à coups de baïonnette, sans quartier, sans pitié. Enfin la garde donna, et les Prussiens culbutés s'enfuirent dans toutes les directions. Ils avaient perdu vingt-cinq mille hommes et quarante pièces de canon ; Blucher, renversé de cheval, courut les plus grands dangers ; deux charges de cavaliers lui passèrent sur le corps ; mais Ney, par sa lenteur, avait sauvé les Prussiens. Grouchy, qui venait d'être élevé à la dignité de maréchal, devait bientôt sauver les Anglais par sa maladresse.

Quoi qu'il en soit, la victoire de Fleurus avait éloigné les Prussiens du champ d'opération. C'était ce que voulait Napoléon ; il court à Wellington, qui, informé de la défaite des Prussiens, s'était retiré sur Bruxelles. Lorsqu'on découvrit les Anglais rangés en bataille devant la forêt de Soignes, au nombre de quatre-vingt-dix mille hommes, la journée était trop avancée pour engager une action ; l'attaque fut remise au lendemain.

Le rôle de Grouchy devenait d'une grande importance. D'une part, il doit contenir les Prussiens ; d'autre part, il doit prendre l'armée anglaise en flanc, et occuper les défilés de Saint-Lambert, qui commandaient toutes les communications entre Wavres et Waterloo. S'il suit ponctuellement ces instructions, l'armée anglaise est anéantie.

A une heure, l'armée impériale s'ébranle ; Ney, chargé de l'attaque principale, la dirige avec son impétuosité accoutumée, le centre des Anglais est enfoncé, et le plus effroyable désordre règne dans leurs rangs, lorsqu'un corps de troupes paraît sur Saint-Lambert. — C'est Grouchy ! s'écrie l'Empereur. Non ce n'est pas Grouchy ; Grouchy a renouvelé la faute de Ney, il a perdu de vue Blucher ; c'est la réserve de Bulow. — Nous avions ce matin, dit Napoléon, 90 chances contre une, l'arrivée de Bulow nous en fait perdre trente ; mais nous en avons encore 60 contre 40, si Grouchy arrive, et la victoire n'en sera que plus décisive, car le corps de Blucher sera entièrement perdu.

Les Anglais ont repris courage et ont reformé

leurs bataillons ; une effroyable lutte recommence sur le plateau de Mont-Saint-Jean ; une heure après son arrivée, Bulow est complètement battu ; et deux armées, l'une de quatre-vingt-dix mille hommes, l'autre de trente mille, sont vaincues sur le même champ de bataille, par soixante-cinq mille Français.

Déjà on crie victoire ! — C'est trop tôt d'une heure ! dit Napoléon ; — et il ordonne aux cuirassiers de Valmy d'appuyer le mouvement contre Wellington. Par un entraînement fatal, la cavalerie de la garde est ébranlée en même temps ; c'est la réserve. En vain l'Empereur veut la rappeler. La mêlée commence, terrible, sanglante ; les carrés anglais sont brisés ; Wellington s'y enferme sans cesse et y est mis sans cesse à découvert. — Il faut encore, s'écrie-t-il en versant des larmes, il faut encore quelques heures pour anéantir ces braves gens : plaise au Ciel que la nuit et les Prussiens arrivent auparavant !

Wellington est battu ; la forêt se remplit de soldats, la route se couvre de débris, le signal de la retraite va être donné par le général anglais, quand tout à coup le canon retentit à la droite des Français; de fortes colonnes s'avancent du côté de la route de Wavres : — Ah ! cette fois c'est Grouchy, dit l'Empereur; et la nouvelle roule de bouche en bouche. Ce n'est pas Grouchy, c'est Blucher, c'est Bulow qui l'a rejoint, ce sont les Prussiens, c'est une nouvelle armée à vaincre, c'est une troisième bataille à gagner. Privé de son aile droite, en face de 150, 000 hommes, Napoléon lutte avec son génie et ordonne un changement de front à son armée. Mais Blucher s'est emparé de la position de la Haie-Sainte, Wellington a tourné et isolé du reste des troupes les huit carrés de la garde impériale auxquels il coupe ainsi toute retraite; ces carrés opposent une résistance héroïque, et lèguent à l'avenir le mot admirable d'un de leur chefs : « La garde meurt, et ne se rend pas ! »

Pourtant des misérables ont fait entendre le cri fatal de sauve qui peut ! Vainement Napoléon se jette au devant des fuyards ; sa voix se perd dans un effroyable tumulte ; l'épée à la main, au milieu du seul carré de sa garde

Bataille de Waterloo.

qui ne soit pas entièrement foudroyé, il veut mourir avec ses braves. — La mort ne veut pas de vous, lui dirent ses grenadiers : retirez-vous ! — On l'entraîne, pendant que le prince Jérôme s'écrie : — Ici doit périr tout ce qui se nomme Bonaparte !

La bataille de Waterloo est perdue ; elle vient de décider du sort de la France et de l'Empereur.

De Laon, où la population s'offre pour le défendre, Napoléon revient à Paris où le funèbre bulletin de Waterloo l'a précédé. Il descend à l'Elysée, et convoque les chambres ; le premier acte du corps législatif est une résolution qui établit la chambre des députés en permanence, qui déclare crime de haute-trahison toute tentative pour la dissoudre, traître à la patrie et jugé comme tel quiconque s'en rendrait coupable. La chambre des pairs adopte cette fatale résolution : — J'aurais dû congédier ces gens-là avant mon départ, dit Napoléon. Il vont perdre la France. Au surplus, j'abdiquerai s'il le faut.

Fouché était là ; il a ramassé cette imprudente parole. En vain Lucien réveille-t-il par sa mâle éloquence dans la chambre des représentants le patriotisme de ses membres, et présente-t-il son frère comme le seul homme capable de sauver la patrie, Lafayette, Dupont de l'Eure, Manuel, Dupin, animent leurs collègues contre Napoléon et les décident à demander son abdication.

C'était bien l'heure de dissoudre la chambre. Jamais coup d'État n'avait été prescrit par une nécessité plus impérieuse et plus nationale. En effet, au moment même où les membres de la chambre donnaient au pays le triste spectacle d'une défection en face de l'ennemi, une foule tumultueuse assiégeait l'Elysée en poussant des cris de vive l'Empereur! Napoléon en fut frappé: — Que me doivent ceux-ci? dit-il à Benjamin Constant; je les ai trouvés, je les ai laissés pauvres. L'instinct de la nécessité les éclaire. La voix du pays parle par leur bouche; et si je le veux, si je le permets, la chambre rebelle n'existera plus dans une heure. Mais la vie d'un homme ne vaut pas ce prix. Je ne suis pas revenu de l'île d'Elbe pour que Paris soit inondé de sang.

16

Napoléon II.

Napoléon se trompait; il n'y aurait pas eu de sang répandu. Cent mille fédérés, dont la moitié avait vaincu sous ses aigles, seraient sortis de leurs ateliers ou de leurs maisons pour grossir les rangs de son armée.

Enfin l'abdication fut résolue, et Lucien écrivit, sous la dictée de son frère, une adresse au peuple français où il disait : « Ma vie politique est terminée; et je proclame mon fils, sous le titre de Napoléon II, empereur des Français... J'invite les chambres à organiser sans délai la régence par une loi. Unissez-vous tous pour le salut public et pour rester une nation indépendante. »

Une commission exécutive fut nommée. Elle était composée de Fouché, président, Caulaincourt, Carnot, Quinelle et Grenier. Trois ministres de Napoléon, un de ses conseillers d'État et deux de ses généraux le remplaçaient sous ses yeux au pouvoir suprême. Tout était consommé!

Le 29 juin, Napoléon demanda deux frégates pour le transporter hors de la France; et il se retira à la Malmaison, attendant la réponse de la commission. De cette retraite, premier séjour de sa prospérité et dernier refuge de son infortune sur la terre de France, il fit les plus nobles et les plus touchants adieux à l'armée. Mais Fouché, qui avait déjà traité avec l'Angleterre, intercepta cette publication. La captivité de l'Empereur était déjà résolue.

Menacé par les Prussiens qui approchaient, Napoléon quitta la Malmaison ;et le 3 juillet il arrivait à Rochefort. Dans cette ville, comme à Paris, comme à Niort, la foule se pressait autour de sa demeure ; et le héros tombé recevait partout des témoignages de l'affection populaire. Le 8, il s'embarqua pour l'île d'Aix, où il attendit vainement les saufs-conduits qui lui avaient été promis. Etonné de ces retards, il écrivit le quatorze juillet au prince régent d'Angleterre ces paroles mémorables !

« Altesse Royale, en butte aux factions qui divisent mon pays et à l'inimitié des plus grandes puissances de l'Europe, j'ai terminé ma carrière politique, et je viens, comme Thémistocle, m'asseoir au foyer du peuple britannique. Je me mets sous la protection de ses lois, que je réclame de votre Altesse Royale comme du plus puissant, du plus constant et du plus généreux de mes ennemis. »

Gourgaud fut chargé de porter cette lettre au prince régent. Las Cases alla trouver pour la seconde fois le capitaine Maitland, commandant le *Bellérophon*, pour lui annoncer que l'Empereur se rendrait à son bord le lendemain.

Le capitaine Maitland avait déclaré à Las Cases qu'il attendait à chaque instant les saufs-conduits demandés ; et que si l'Empereur voulait s'embarquer pour l'Angleterre, il était autorisé à l'y conduire et à le traiter avec le respect et les égards dus au rang qu'il avait occupé.

Cette déclaration devait décider Napoléon. Mais l'offre de cette hospitalité était une trahison ; car, le 7 juillet, ce capitaine avait reçu de lord Keith, son amiral, l'ordre de redoubler de vigilance pour *intercepter Bonaparte*.

Trop grand pour soupçonner un piége infâme, Napoléon se rendit à bord de l'*Epervier*, qui devait le conduire au *Bellérophon*. Avant d'y monter, il dit au général Becker : — Retirez-vous, général, je ne veux pas qu'on puisse croire qu'un Français soit venu me livrer à mes ennemis. — En mettant le pied sur le *Bellérophon* : — Je viens à votre bord, dit-il au capitaine, me mettre sous la protection des lois d'Angleterre.

Pendant neuf jours, les vents contraires retardèrent la marche du *Bellérophon*. Enfin il mouilla le 24 dans la rade de Torbay. Là, l'Empereur apprit que Gourgaud était revenu, sans avoir pu être admis par le prince régent, et le 30 juillet lord Keith remit à l'Empereur un acte qui lui faisait connaître l'arrêt européen et lui assignait Sainte-Hélène pour résidence. — C'est pis que la cage de Tamerlan ! s'écria Napoléon ; autant aurait valu signer sur-le-champ mon arrêt de mort.

Le ministère britannique outrageait de la manière la plus infâme les droits du malheur et du génie ; l'Empereur répondit à cette indignité par une protestation, qui n'a point d'égale parmi les inspirations héroïques des grands hommes. Elle se terminait par ces mots, qui retentiront à jamais dans la postérité : ... « La foi britannique se trouvera perdue dans l'hospitalité du *Bellé-ro-*

phon; j'en appelle à l'histoire. Elle dira qu'un ennemi qui fit vingt ans la guerre au peuple anglais vint librement dans son infortune chercher un asile sous ses lois.... Comment répondit-on en Angleterre à une telle magnanimité? On feignit de tendre une main hospitalière à cet ennemi, et quand il se fut livré de bonne foi, on l'immola. »

Le 8 août, Napoléon, et sa suite, composée des généraux Bertrand, Montholon, de l'aide-de-camp Gourgaud et du chambellan Las Cases, montaient à bord du *Northumberland,* le vaisseau de l'exil.

A la hauteur du cap de la Hogue, l'Empereur put apercevoir encore une fois les côtes de France; il les salua en s'écriant : « Adieu, terre des braves! adieu, chère France! quelques traîtres de moins, et tu serais encore la grande nation, la maîtresse du monde! »

BETHUNE

CHAPITRE XI

SAINTE-HÉLÈNE

LE CHRÉTIEN — 1815-1821

Le 14 octobre 1815, après une navigation de soixante-six jours, le prisonnier de l'Europe put apercevoir à l'horizon un point noir à la surface de l'Océan. C'était le rocher de Sainte-Hélène, débris volcanique qui semble s'être fait jour à travers les eaux.

Quelques jours après, l'Empereur prenait possession de sa dernière demeure, et commençait le martyre de six années qui termine, par la sublime poésie du malheur, cette prodigieuse existence.

A Longwood, le héros disparaît, le chrétien se montre. La mort de Napoléon est digne de sa vie; il meurt avec Dieu, et ses derniers jours restent, comme son existence tout entière, une grande leçon pour l'humanité.

Longwood, maison de campagne du sous-gouverneur, avait été assignée pour retraite à Napoléon. C'était antérieurement une grange qui servait aux marchands de la compagnie des Indes. Assise sur un plateau élevé de deux mille pieds au-dessus du niveau de la mer, battue par les vents et les pluies, exposée pendant neuf mois de l'année à une humidité pénétrante, pendant les trois autres mois aux rayons brûlants d'un soleil vertical, cette-retraite était mortelle. « Partout où les fleurs sont étiolées, disait Napoléon en parlant de ce séjour, l'homme ne peut vivre. Ce calcul n'a point échappé aux élèves de Pitt. Transformer l'air en instrument de meurtre! Cette idée n'était pas venue au plus farouche de nos proconsuls : elle ne pouvait germer que sur les bords de la Tamise ! »

En même temps on attaqua l'âme; on sembla rechercher avec empressement tous les moyens de blesser sa dignité : précautions humiliantes, mesquines tracasseries, vexations odieuses, telle serait l'histoire de Sainte-Hélène, si nous voulions la raconter jour par jour, comme l'a fait M. de Las Cases dans son *Mémorial de Sainte-Hélène*. On fixa des limites, que Napoléon ne put dépasser sans être suivi d'un officier anglais. Pour se soustraire à cette compagnie, le prisonnier s'abstint de sortir, et l'homme qui était habitué à faire vingt lieues par jour put à peine se promener pendant quelques minutes dans un jardin étroit, sans arbres, sans ombrage, où les sentinelles qu'il pouvait voir gardaient toutes les issues. Aucune lettre ne put lui être remise, sans être décachetée et lue par l'amiral ; on lui enleva l'argent qu'il possédait, et il lui fut interdit de recevoir la plus petite somme sans la permission du gouverneur.

Cependant le contre-amiral sir Georges Cockburn, auquel fut confiée d'abord la garde de Napoléon, tout en exécutant les ordres du cabinet britannique, se conduisit envers lui en loyal soldat. L'Empereur a dit de lui : « C'est un vaillant marin, homme d'honneur et capable d'actions généreuses, parfois fantasque et violent par l'effet d'une fierté mal entendue, qui le porte à ne prendre conseil de personne et à obéir à ses impressions du moment. » Il n'en fut pas ainsi de l'homme qui fut appelé à le remplacer, et qui est resté le type de l'infâmie, sir Hudson-Lowe. Ecoutons le portrait que fait l'Empereur de son nouveau geôlier : « Il a le crime empreint sur la figure, son regard est celui de la bête fauve; homme d'esprit et d'une capacité remarquable, il est incapable de faire une bonne action; le mal est son élément; c'est pour le faire qu'il est organisé. »

Le nouveau gouverneur arriva, muni d'instructions très sévères; l'espace fut encore resserré autour de Napoléon; toute communication, toute correspondance lui fut interdite, au dedans comme au dehors; il fut même gardé à vue, puisque deux fois par jour un officier dut pénétrer dans sa chambre pour s'assurer de sa présence. De toutes les rigueurs ce fut celle qui le blessa le plus. Il s'y refusa formellement, menaçant de ses pistolets le premier qui s'introduirait chez lui sans sa permission. Il eut à ce sujet une dernière discussion avec le gouverneur : « Vous m'avez dit, Monsieur, s'écria-t-il en terminant, que vos instructions étaient terribles.

Sont-elles de me faire mourir par le fer ou par le poison ? Je m'attends à tout de la part de vos ministres. Me voilà, exécutez votre victime ! J'ignore comment vous vous y prendrez par le poison ; mais quant à m'immoler par le fer, vous en avez déjà trouvé le moyen. S'il vous arrive, ainsi que vous m'en avez fait menacer, de violer mon intérieur, je vous préviens que le brave 53e n'y entrera que sur mon cadavre ! »

Le gouverneur n'osa insister et on attendit que Napoléon voulût bien se montrer à sa fenêtre ou se promener, pour constater sa présence. Comme un jour le gouverneur tentait de se justifier de ses vexations en se retranchant derrière les ordres ministériels : « Le bourreau en fait autant, lui répondit l'Empereur, il exécute les ordres qu'il a reçus »…. Puis il ajouta : « Vous avez tout pouvoir sur mon corps, mais aucun sur mon âme. Cette âme est aussi fière, aussi courageuse, que quand je commandais à l'Europe. Vous n'êtes qu'un sbire sicilien et non pas un Anglais. Ne vous présentez jamais devant moi que lorsque vous m'apporterez l'ordre de ma mort: alors toutes les portes vous seront ouvertes ! »

D'autres épreuves devaient ajouter encore aux souffrances de l'illustre captif. De graves discussions survinrent parmi les compagnons de son exil. Las Cases partit le premier, puis Gourgaud ; Mme de Montholon quitta l'île vers la même époque que l'ancien aide-de-camp de l'Empereur. Il ne nous appartient pas de soulever le voile épais qui cache les mystères de ces jours sombres et désolés, et d'accuser des hommes qui sont nos contemporains. Mais l'histoire dira sans doute un jour la vérité sur certains dévouements de Sainte-Hélène.

Bientôt il ne resta plus auprès de Napoléon que le docteur O'Méara, médecin irlandais, venu généreusement, au refus d'un docteur français, donner ses soins à l'Empereur ; Marchand, son valet de chambre, qu'il appelait son ami ; le général Bertrand, qui eut sans doute quelque reproche à se faire, mais qui cependant poursuivit jusqu'au bout sa fidélité à la plus noble infortune, et le général Montholon, qui sut mériter l'affection paternelle de Napoléon. Le docteur

O'Méara lui-même fut contraint de partir, sur l'injonction d'Hudson-Lowe, pour avoir prêté son nom à l'Empereur dans quelques communications secrètes.

Telle était la situation de Napoléon, lorsque le capitaine Hall, marin distingué, fut reçu par lui en avril 1817, et traça son portrait dans la relation de son voyage. En voici quelques passages, aussi curieux que peu connus :

« Je fus frappé, dit ce voyageur, du peu de ressemblance de sa figure avec tous les portraits et bustes que j'en avais vus. Elle me parut plus large et plus carrée qu'elle ne l'est dans aucun. Son embonpoint, que l'on disait en général excessif, n'avait rien de remarquable. Il paraissait plutôt nerveux, ayant les os des articulations saillants. On ne voyait pas la moindre trace de couleurs sur ses joues ; sa peau ressemblait plutôt à du marbre qu'à une peau ordinaire. On ne pouvait distinguer sur son front aucune apparence de ride ; sa santé paraissait excellente, son âme sereine, quoique dans ce temps on crût généralement en Angleterre qu'il souffrait d'une complication de maladies et que la flamme de son génie était éteinte. Sa manière de parler était plus lente que rapide. Il attendait avec beaucoup de bonté et de patience que j'eusse achevé mes réponses à ses questions... On ne pouvait soutenir l'expression brillante et quelquefois éblouissante de ses regards, non que cet éclat durât toujours, on le remarquait seulement quand un sujet piquant l'excitait.. Il n'est pas possible d'imaginer une expression plus douce, plus affectueuse, que celle qui fut sur ses lèvres tant que dura l'audience que j'obtins de lui. Si, dans ce temps-là, il avait perdu la santé ; si son esprit était baissé, il faut croire que son pouvoir sur lui-même était bien extraordinaire ; car toutes ses manières, sa conversation et l'expression de son visage indiquaient parfaitement la santé du corps et de l'esprit. »

Il y a quelque différence entre ce portrait de Napoléon et ceux qu'en ont donnés à la même époque quelques annalistes français ; ce qu'il y a de certain, c'est que vers la fin de 1818 sa santé était sérieusement altérée déjà. Il avait de fréquentes nausées, ses jambes étaient enflées, et ses médecins lui ordonnaient l'exercice, comme le meilleur remède à employer; mais il refusa constamment d'y recourir, tant qu'il serait exposé à trouver sur son chemin des sentinelles chargées de le garder. D'ailleurs, depuis le départ d'O'Méara, il n'eut confiance dans aucun des médecins qui lui furent donnés. Le docteur Antommarchi lui-même, qui le soigna dans les derniers temps, et qui était Italien, ne remplaça pas pour l'Empereur le docteur O'Méara.

Déjà sa pensée s'élevait au-dessus de la terre. Un jour que ses amis le suppliaient de veiller à sa guérison : «Ce qui est écrit là-haut est écrit, leur répondit-il en regardant le ciel, mes jours sont comptés! »Après tant d'agitations, le héros, lassé des choses d'ici-bas, songeait sérieusement à une autre vie. Rien n'est plus sublime et plus instructif que ses derniers jours.

« Je ne suis, disait-il un soir, ni un incrédule ni un philosophe, je crois en Dieu. Quel est celui qui a fait tout cela? » ajoutait-il en montrant le firmament.

Dès les premiers temps de son séjour à Sainte-Helène, les naïves émotions, les principes religieux de son jeune âge lui étaient revenus à la mémoire, avec tout le prestige des souvenirs du cœur. « Une de mes peines ici, répétait-il souvent, c'est de ne pas entendre de cloche, et de manger du pain moisi. » Plusieurs fois, dit un historien, il avait demandé qu'on lui envoyât, de France ou d'Italie, un prêtre catholique ; mais ses demandes, confiées à Bertrand, étaient restées sans réponse; il le soupçonna de ne pas les avoir fait parvenir ; ce fut là le commencement d'une mésintelligence dont nous avons déjà dit quelques mots.

Cependant ces demandes étaient à la fin parvenues en France et en Italie. On assure que Mgr de Quelen, alors coadjuteur de l'archevêque de Paris, et qui avait eu, au sujet de l'emprisonnement du Pape, une vive altercation avec Napoléon, en eut connaissance. Comme on lui demandait quel serait le prêtre qui consentirait à s'exiler à Sainte-Hélène ? — Moi, répondit le prélat, je m'offre volontiers pour regagner cette ame à Jésus-Christ.

Ce généreux dévouement ne put s'accomplir ; mais il porta ses fruits, et le 29 septembre 1819 deux prêtres arrivèrent à Sainte-Hélène, en même temps que le docteur Antommarchi.

De ce jour, la messe fut dite chaque dimanche à Longwood, et tous les autres devoirs de la religion furent pratiqués exactement. Plusieurs fois, Napoléon exprima hautement le regret d'avoir persécuté le pontife romain, professant la plus vive admiration pour les vertus de Pie VII, qu'il appelait *un agneau*.

« Il eut, dans le même temps, avec ses compagnons d'exil, dit un des biographes de l'Empereur, surtout avec Bertrand qu'il voulait persuader, des conversations sur la religion dans lesquelles on remarque des pensées vraiment étonnantes. Le général lui ayant dit un jour, d'un ton inconvenant ! — Qu'est-ce que Dieu ? L'avez-vous vu ? — Je vais vous le dire, répondit Napoléon. Comment jugez-vous qu'un homme ait du génie ? Le génie est-il une chose visible ? Qu'en savez-vous pour y croire ? Sur le champ de bataille, au fort de la mêlée, quand vous aviez besoin d'une prompte manœuvre, d'un trait de génie, pourquoi, vous le premier, me cherchiez-vous de la voix et du regard ? Pourquoi s'écriait-on de toutes parts : Où est l'Empereur ? Que signifiait ce cri, si ce n'est l'instinct de la croyance en moi, en mon génie ? — Mes victoires vous ont fait croire en moi : eh bien ! l'univers me fait croire en Dieu..... Les effets merveilleux de la toute-puissance divine sont des réalités plus éloquentes que mes victoires. Qu'est-ce que la plus belle manœuvre auprès du mouvement des astres ?

Dans une des nombreuses discussions qu'il eut avec Bertrand à l'occasion de la religion, Napoléon, après avoir prouvé la divinité de Jésus-Christ, dit au général qui gardait le silence : — Si vous ne comprenez pas que Jésus-Christ est Dieu, j'ai eu tort de vous nommer général !

Cependant la maladie poursuivait sa marche progressive. En vain O'Méara, de retour à Londres, fatiguait de ses avertissements le ministère anglais, le plaçant sous la responsabilité d'un assassinat, et écrivant : « Si le même traitement est continué , la mort de Napoléon est aussi certaine que si on le livrait au bourreau. » Il était déjà trop tard, et l'Empereur, qui connaissait sa position, ne la cachait pas à ses amis. Des lettres du comte de Montholon et du général Bertrand le prouvent assez. Dans une de ces lettres, écrites par ce dernier à lord Liverpool, on lisait : « Il meurt sans secours sur cet affreux rocher ; son agonie est effroyable ! » Cette lettre avait été retenue par sir Hudson, sous prétexte que Napoléon y était désigné sous le titre d'Empereur, et on sait que le sicaire anglais avait l'ordre de ne le laisser désigner que par la dénomination de général Bonaparte.

Bientôt une crise terrible se manifesta. — Là, là ! s'écria l'Empereur en portant la main du docteur à son estomac, c'est un couteau de boucher qu'ils ont mis là, et ils ont brisé la lame dans la plaie !

Convaincu de sa fin prochaine, il s'occupa, dans les premiers jours d'avril, de ses dispositions testamentaires. Les symptômes devenaient chaque jour moins équivoques. Un jour un domestique annonça qu'on avait découvert une comète à l'orient. — Une comète ! s'écria Napoléon avec vivacité, ce fut le signe précurseur de la mort de César !

Le nouveau César se regarda dès lors comme

averti, et il se prépara à la mort. Il donna au docteur Antommarchi les instructions les plus positives sur l'autopsie à faire dès qu'il serait mort. «J'exige, lui dit-il, que ce soit par vous seul qu'elle soit faite ; je ne veux pas qu'un médecin anglais touche à mon cadavre, à moins que vous n'ayez besoin de secours. En ce cas vous prendrez le docteur Arnolt. » C'était le chirugien de la garnison. Il recommanda surtout de bien examiner son estomac et d'en faire un rapport qu'on enverrait à son fils. La maladie dont il mouráit, un cancer à l'estomac, ayant été fatale à son père, il craignait qu'elle ne fût héréditaire et voulait au moins en préserver le jeune prince.

Exhalant alors son dernier cri d'indignation contre l'Angleterre, il dit d'un ton solennel — Approchez, Bertrand, et traduisez au docteur Arnolt ce que vous allez entendre ; rendez tout, n'omettez pas un mot.

Voici cet appel solennel d'un mourant à la postérité ; nous ne croyons pas avoir le droit d'en rien supprimer :

« J'étais venu m'asseoir au foyer du peuple britannique ; je demandais une loyale hospitalité, et contre tout ce qu'il y a de droit sur la terre, on me répondit par des fers. J'eusse reçu un autre accueil d'Alexandre. L'empereur François m'eût traité avec égard ; le roi de Prusse même eut été plus généreux. Mais il appartenait à l'Angleterre de surprendre, d'entraîner les rois, et de donner au monde le spectacle inouï de quatre grandes puissances s'acharnant sur un seul homme. C'est votre ministère qui a choisi cet affreux rocher, où se consume en moins de trois années la vie des Européens, pour y achever la mienne par un assassinat. Et comment m'avez-vous traité depuis que je suis exilé sur cet écueil ? Il n'y a pas une indignité, pas une horreur dont vous ne vous soyez fait une joie de m'abreuver Les plus simples communications de famille, celles même qu'on n'a jamais interdites à personne, vous me les avez refusées. Vous n'avez laissé arriver jusqu'à moi aucune nouvelle, aucun papier d'Europe. Ma femme et mon fils même n'ont plus vécu pour moi ; vous m'avez tenu six ans dans la torture du secret. Dans cette île inhospitalière, vous m'avez donné pour demeure l'endroit le moins fait pour être habité, celui où le climat meurtier du tropique se fait le plus sentir. Il m'a fallu me renfermer entre quatre cloisons, dans un air malsain, moi qui parcourais à cheval toute l'Europe ! Vous m'avez assassiné longuement, en détail, avec préméditation ; et l'infâme Hudson a été l'éxécuteur des hautes-œuvres de vos ministres. Vous finirez comme la superbe république de Venise : et moi, mourant sur cet affreux rocher, privé des miens et manquant de tout, je lègue l'opprobre et l'horreur de ma mort à la famille régnante d'Angleterre ! »

Le docteur anglais courba la tête sous ces paroles saisissantes, et qui sont peut-être prophétiques.

Ce dernier tribut payé à la nature humaine, Napoléon ne s'occupa plus désormais que de ses devoirs de piété. — Je suis né dans la religion catholique, dit-il à l'abbé Vignali, je veux remplir tous les devoirs qu'elle m'impose, et recevoir toutes les consolations, tous les secours que je dois en attendre.

Après s'être confessé, avoir reçu le viatique et l'extrême-onction, Napoléon passa toute la nuit en prières. Le lendemain matin, il dit au comte Montholon :

— Général, je suis heureux, j'ai rempli tous mes devoirs ; je vous souhaite à votre mort le même bonheur. — Un autel fut alors dressé dans la chambre voisine de celle de Napoléon, le Saint-Sacrement y fut exposé, et l'abbé Vignali y dit les prières des Quarante-Heures.

Les jours suivants ne furent que de vaines luttes avec la mort. Dans les moments de calme et de répit que lui laissait son agonie, Napoléon adressa à Montholon et à Bertrand des instructions, des recommandations, des avertissements salutaires : — Je vais mourir, leur dit-il alors ; vous allez repasser en Europe. Je vous dois quelques conseils sur la conduite que vous avez à tenir. Vous avez partagé mon exil, vous serez fidèles à ma mémoire, vous ne ferez rien qui puisse la blesser. J'ai sanctionné tous les principes, je les ai infusés dans mes lois, dans mes actes ; il n'y en a pas un seul que je n'aie consacré. Malheureusement les circonstances étaient graves. J'ai été obligé de sévir, d'ajourner ; les revers sont venus, je n'ai pu débander l'arc, et la France a été privée des institutions libérales que je lui destinais. Elle me juge avec indulgence, elle me tient compte de mes intentions, elle chérit mon nom, mes victoires. Imitez-la; soyez fidèles aux opinions que nous avons défendues, à la gloire que nous avons acquise. Il n'y a hors de là que honte et confusion.

L'avant-veille de la mort de l'Empereur, une tempête effroyable éclata sur Sainte-Hélène. Toutes les plantations de Longwood furent déracinées. Un saule, sous l'ombrage duquel Napoléon aimait à se reposer, fut frappé de la foudre: on eût dit que la nature voulait aussi prendre sa part des dernières luttes de l'auguste prisonnier.

Les symptômes de l'agonie dernière apparurent le 4 mai, au milieu de l'ouragan qui n'avait pas cessé, et des sifflements aigus des vents mortels du tropique, qui semblaient être comme les plaintes et les sanglots de la terre. Enfin le 5 au lever du soleil, Napoléon, plongé depuis plusieurs heures dans un sommeil léthargique, fait un petit mouvement. Quelques sons entrecoupés s'échappent de sa bouche, il se soulève avec effort, prononce ces deux mots : *Tête... Armée !*

Le masque de l'Empereur,
pris par le docteur Antommarchi.

il retombe, une légère écume blanchit ses lèvres..... Napoléon n'est plus; le captif de Sainte-Hélène est affranchi par la mort, et n'a plus à rendre compte de sa vie qu'à Dieu.

Une heure après son dernier soupir, le corps de l'Empereur fut placé sur un lit de camp; on le recouvrit du manteau qu'il portait au bivouac de Marengo. Les troupes de la garnison accoururent alors de tous les points de l'île, en grande tenue, mais sans armes, pour saluer les dépouilles du grand homme. La plupart se mirent à genoux près du corps; quelques-uns baisèrent le pan du manteau. Sir Hudson-Lowe, dès qu'il eut avis de l'exemple donné par le 20e régiment, voulut s'y opposer; mais sa rage échoua devant la légalité anglaise; le colonel lui répondit : — Napoléon est mort, la loi d'exception n'existe plus; j'ai le droit de faire promener mon régiment comme il me plaît, et je le fais !

L'autopsie des médecins constata qu'une large plaie couvrait l'estomac presque entier; seul Antommarchi protesta contre l'avis de ses confrères, qui attribuaient la mort de Napoléon à un ulcère à l'estomac; soutenant que le malade avait succombé à une gastro-hépatite chronique, qu'il prétendait, contrairement aux autres médecins, être endémique à Sainte-Hélène.

Le corps fut exposé pendant deux jours sur un lit de parade. L'Empereur mort était revêtu du frac vert des chasseurs de la garde, avec les décorations de tous les ordres qu'il avait créés ou reçus pendant son règne. Napoléon avait désigné lui-même le lieu où il voulait être enterré, dans le cas où son corps devrait rester dans l'île; c'était au fond d'une petite vallée où le captif, aux premiers jours de l'exil, aimait à se reposer près de deux saules pleureurs: — Si je dois mourir sur ce rocher, avait-il dit au général Bertrand, faites moi enterrer au-dessous de ces saules, près de ce ruisseau!

Le 9 mai, le corps de Napoléon fut porté dans le tombeau qui avait été creusé sous les saules, et les funérailles eurent lieu avec toute la solennité que l'on put donner à une pareille cérémonie sur ce lointain rivage. Les comtes Bertrand et Montholon tenaient le poêle; l'amiral, le gouverneur, les commissaires français et russe, toutes les autorités de Sainte-Hélène et trois mille

hommes de troupes formaient ce cortége, que suivaient Mme Bertrand, ses filles et tous les domestiques. L'abbé Vignali récita les prières d'usage ; puis une salve d'artillerie annonça à l'Océan que l'empereur Napoléon, ainsi qu'il l'avait dit lui-même, était en paix avec tout le genre humain, et que l'immortalité commençait pour lui. Le vainqueur de quarante-neuf batailles rangées avait cessé de souffrir !

Telle fut la vie, telle fut la fin de cet homme, dont la figure colossale domine l'histoire de nos jours. Il ne nous reste plus qu'à dire un mot de son testament, qui est comme le reflet de son âme et des sentiments de toute sa vie. Ce monument, du plus grand intérêt, mérite d'être remarqué, surtout pour l'esprit d'ordre et d'équité qui l'a dicté. La plupart des legs y sont fondés sur des causes justes et des droits réels. Le chrétien y apparaît tout entier; il pardonne à tous les ingrats, à tous les traîtres, à son frère Louis qui l'a *calomnié dans un libelle* [1], à Marie-Louise dont il connaissait les torts. Combien il est touchant, en parlant de *sa bonne mère*, de *ses frères*

[1] Ce libelle, publié sous le nom de Louis-Napoléon, n'était pas de lui.

et sœurs, d'*Eugène* et d'*Hortense* qu'il remercie *de tout l'intérêt qu'ils n'ont cessé de lui porter!* Qu'il est noble et grand, quand il appelle son digne valet de chambre Marchand *son ami*! Il n'oublie personne: sa pensée se porte vers les années de sa jeunesse. Il songe aux enfants du général Dutheil, qui l'avait protégé dans le commencement de sa carrière militaire, à la famille du représentant Gasparin, qui avait deviné son génie à Toulon; il songe au fils de Dugommier, son protecteur et son ami. Il fait ses légataires les soldats de l'île d'Elbe, les soldats de Waterloo, les proscrits de 1815, tous ceux qui l'ont aimé et servi. Brienne, le berceau de ses études, et huit provinces de France prennent part à ses libéralités.... A chaque page, son amour pour la France éclate: il recommande à son fils *de ne jamais oublier qu'il est né prince français, de ne jamais combattre la France, d'adopter sa devise : Tout pour le peuple français!* Enfin son vœu le plus cher est que *ses cendres reposent sur les bords de la Seine, au milieu de ce peuple français qu'il a tant aimé !*

Ce vœu devait s'accomplir; mais vingt-cinq

ans s'écoulèrent avant que la captivité posthume du martyr de Sainte-Hélène cessât, et que la dépouille du plus glorieux enfant de la révolution vînt enfin honorer le sol de la patrie.

Le 12 mai 1840, un ministre du roi Louis-Philippe annonça à la chambre des députés que l'Angleterre consentait à rendre à la France les restes mortels de l'empereur Napoléon, et que le prince de Joinville était chargé, par le roi son père, d'aller les recueillir à Sainte-Hélène. D'unanimes acclamations accueillirent les paroles du ministre ; et la grande voix du pays leur répondit de tous les points de la France.

Le 30 novembre, le précieux dépôt entrait dans le port de Cherbourg ; sur toute la route, depuis Cherbourg jusqu'à Paris, les populations enthousiastes escortent l'Empereur, qui vient reprendre possession de la capitale ; enfin, le 15 décembre, le cortége fait son entrée à Paris, par la barrière de l'Étoile et les Champs-Elysés, où malgré un froid rigoureux se pressent des multitudes enivrées.

Enfin le char impérial arrive aux Invalides. Louis-Philippe reçoit le corps de Napoléon au nom de la France, et le général Bertrand est invité par lui à placer la glorieuse épée de l'Empereur sur son cercueil.

Désormais le héros sommeille au milieu des braves compagnons de sa gloire. —

Notre tâche est terminée. Nous avons esquissé rapidement les phases si rapides et si diverses de cette vie prodigieuse, l'histoire de cet homme extraordinaire, qui, né simple citoyen d'une île à peine française, devient successivement général, consul, empereur, et recommence en moins de dix années trois grandes époques et trois grands noms : Clovis, Charlemagne, Louis XIV. Comme Clovis il fait triompher le Christianisme en France ; comme Charlemagne il est empereur et roi, législateur et conquérant; comme Louis XIV il prend une épouse de la maison d'Autriche et veut que sa famille règne en Espagne ; il veut plus que n'a voulu Louis XIV, il veut qu'elle règne partout.... Il monte, il monte si haut, qu'il semble effacer toutes les gloires du passé ; puis tout à coup il tombe, et tout s'écroule avec lui, si ce n'est les institutions que son génie a créées, et que le monde entier s'approprie.

En face d'un tel sujet, il était difficile d'adopter un système; M. de Châteaubriand a dit : « S'il est bon d'avoir quelques principes arrêtés en prenant la plume, c'est une question oiseuse de demander comment l'histoire doit être écrite... Toute manière est bonne pourvu qu'elle soit vraie. »

C'est là la manière que nous avons choisie; nous ne pouvons dire que nous ne nous soyons jamais trompé; mais si cela nous est arrivé, c'est malgré nous, c'est après avoir consulté les sources les plus pures, rapproché les opinions les plus recommandables. Nous nous sommes efforcé constamment de rendre ce livre digne de son héros, au moins par la bonne foi et la vérité historique.

FIN

TABLE DES MATIÈRES

www.ingramcontent.com/pod-product-compliance
Ingram Content Group UK Ltd.
Pitfield, Milton Keynes, MK11 3LW, UK
UKHW012012240726
13965UKWH00002B/317